私を代わりに刑務所に入れてください

非行少年から更生支援者へ

野田 Noda Eiji 詠氏［著］

いのちのことば社

プロローグ——少年院送致

「野田詠氏(のだえいじ)君、君を中等長期少年院に送致する。」

裁判官は、まっすぐに顔を向け、悲しみでも喜びでもない目で、淡々と処分を言い渡した。

私は拳を固め、裁判官に突っかかってやろうと、とっさに考えたが、その裁判官の目が、なぜか私の思いをとどまらせた。

見下す眼でもなく、あわれみの眼でもなかった。どこか悲しげな……、でも、まっすぐな眼をしていた。

＊

二度と帰らない青春を、一年間も獄の中で過ごさなければならない現実に、涙がこぼれた。

後ろにいた母は、泣きながら、こう叫んだ。

「私の育て方が悪かったんです。こ、この子を少年院に入れるんやったら、代わりに私を刑務所に入れてください。」

私は何が起こったかわからず、耳を疑った。続けざまに母は嗚咽しながら、こう言った。

「わ、私が悪かったんです。私のせいでこの子はこうなったんです。……」

母のその言葉に、私は声を詰まらせて泣いた。泣き訴える母を、父が諌めた。

二月の終わりの、凍てつくほど寒い日だった。

＊

審判を受けた私は、大阪・谷町にある家庭裁判所から、堺市にある少年鑑別所に戻った。底冷えする、古びた鑑別所の狭い単独室に帰って来た私の肩は重く、うなだれるように古びた椅子に座り、しばらくは放心状態だった。

罪を犯し続けてきた結果、鑑別所に入るようになった自分、そして、少年院へ送られることになった自分の立場を忘れて、

〝何で、俺が一年も入らなあかんねん！〟

〝地元の連れは何してるやろう？〟

〝今ごろ、俺抜きで楽しそうに悪さしてんねんやろうなぁ〟

反省どころか、今から自由を奪われる自分の境遇が、自分でかわいそうに思えてならなかった。

心が苦しくて、窓の外の景色を見ようとしたとき、鉄格子の向こうに、雪が降っていた。しんしんと降り注ぐその雪は、ずっしりと、心にのしかかるような気持ちがした。

小さい頃は、雪が降ると犬はしゃぎで外を駆け回った。こんな人生を送るつもりではなかった……。あまりの雪の白さに見とれながら、〝これから俺の人生はどうなるんやろう?〟と不安だけが心に積もった。

目次

第2部　私の出会った若者たち

第1部

少年院に入って良かった

池島のスーパースター

私が生まれ育った町は、大阪東部の生駒山に面する下町だった。

私は、男ばかりの三人兄弟の末っ子として生を受けた。一番上の兄と二番目の兄は一つ違いの年子で、上の兄から九年、下の兄から八年あけて私が生まれた。

三歳の時に両親は離婚し、物心ついた保育園の頃には、母と兄二人の四人暮らしだった。

私が幼稚園の時、すでに兄二人は中学生で、クラブや塾で帰りは夕方か夜だった。母は女手一つで息子三人を食べさせるために外へ働きに出ていたので、幼い私は夕方までひとりで待っていることも少なくなかった。

その時の印象的な思い出といえば、母の帰りが遅くていつも腹を空かせていたことと、しょっちゅう母の財布からお金を盗んだことだ。

＊

ある日、母の化粧台の引き出しの下から〝一万円〟を盗んだことが、母に見つかった。

自転車の後ろに乗せられ、ペダルを漕ぐ母の背中に揺れながら、泣きながら交番所に連れて行かれた。

交番所のお巡りさんは、母から事の次第を聞き、怒ってくれた。どんな怒り方をされたかあまり覚えていないが、優しいお巡りさんだったように思う。

母は、交番所に連れて行くことによって、何とか事の重大さを教えたかったのだろう。

＊

また、こんなこともあった。近くのお菓子屋でチョコレートを万引きして、家に帰って食べていたら、長兄が帰って来た。

「詠氏、お前、それ、どないしたんや？」

と、万引きしたことがバレた。

長兄は真剣な顔で私の頭をはたき、片方の手に三百円を握り、もう片方の手で私の手を引いて、そのお菓子屋に謝りに連れて行った。長兄は小柄だが、大きく見える、正義感の強い人だった。

＊

ある時、母の帰りが遅く、お腹が空いて辛抱できなくなった私は、いつも利用している駅へひとりで向かった。待っていたら、母と交際しているおっちゃんが階段を降りてきた。

「おっちゃん、お腹空いた。」

「そうか……。よっしゃ、行こう。」

そう言って、おっちゃんは確かお好み焼き屋に連れて行ってくれた。何を食べたか、どんな味だったか覚えていないが、目の前に鉄板つきのテーブルがあったことと、おっちゃんの優しさだけは、今も強烈に胸に染みついている。

＊

やがて小学校に上がり、三年生になったとき、わが家は引っ越すことになった。もちろん、引っ越して友達と離れることを私は猛烈に嫌がった。それこそ、真剣な抗議だった。嫌がる私に母は、ファミコンを買うという条件で落ち着かせようとした。子どもは子どもで、ゴネてもどうにもならないことを知っていた。ファミコンを買ってもらうことで、矛を収めるしかなかった。

引っ越し先は同じ市内だが、バスと電車を四十分ほど乗り継がないと行けない、生駒山が間近に見える下町だった。小学三年の私にとって、その距離は断絶と同じだった。

引っ越した家は、三階建ての住居付き貸店舗。一階は、母の経営するスナックになった。

＊

新しく通うようになったのは、東大阪市立池島小学校。私は、新しい環境でナメられないためか、溶け込んでいくすべを知らないためか、転校のあいさつでこう言った。

「俺が今日からこの学校のスーパースターや!」

＊

最近の話だが、ある友人の家で食事をしていたとき、こんな思い出話を聞かされた。

「そういえば、野田。転校してきたとき、何かで悪いことして廊下に立たされていて、俺が『なんで立たされてんの?』って聞いたら、何て答えたか覚えてる?」

「いや〜。覚えてないな〜。」

「『俺が池島のスーパースターや!』と答えてたで。」

「俺っておかしいな〜」と笑いながら頭を掻いたが、自分はその時、どんな精神状態だったのだろう? 子どもは子どもでいろんなストレスを抱えていたんやなぁと思った。

＊

ともかく、新しい環境にも慣れてくると、友達もできて、秘密基地を作ることや、ファミコンに熱中するようになった。

友達とは、ファミコンのカセットを何個持っているとかで、競い合ったりしていた。友達の一人は「俺のお父さんは任天堂の社長や」と、バレバレの嘘を言っていた。

毎日、友達との遊びが終わり、家に帰り、夜になると、決まって寂しかった。母と見ず知らずの男性客のデュエットの歌声が、ひとりぼっちの私がいる二階にも響いてくる。その歌声を聞きながら、無性に虚しかった。

いてほしい時に、そばに誰もいない。テレビアニメに熱中するしかなかった。

＊

その頃、いろんな寂しさからか、クラスの名簿を見て、クラスの友達の十数人にかたっぱしから何度も電話をかけたことがあった。後日、そのことが問題になって、学級会にかけられ、母にこっぴどく叱られた。

母には、仕事のストレスや女手一つで子どもたちを食べさせなければならないプレッシャーもあったのだろう。ついきつくなってしまう言葉に、傷つけられることもあった。

その時の母の怒り方に腹を立て、その頃たまたまつけていた日記に、私はこう書いた。

「友達に電話をかけたことで怒られた。

反抗したら、『子どもは大人の命令を聞くために生きている』と母は言いました。

神様、キリスト様、お助けください！」

〝子どもは大人の命令を聞くために生きている！〟そんな考えに言い表せない怒りを持ったのだと思う。

その日記を、十数年後、押し入れの段ボール箱の中から発見したのだが、あの時、なぜ「神様！　キリスト様！」と書いたのかは、今でもよくわからない。

「人生とは何やねん!?」

小学四年生の時のこと。給食で出た嫌いなおかずをパンの中に詰め、机の引き出しの奥に隠した。給食を残したら怒られると思ってだ。その存在をすっかり忘れていたある日、クラスの掃除の時間で不意に〝パン〟が出てきた。担任の先生から叱られ、そのカビカビになったパンを見て、クラスメートがどよめいた。

そんなことがいろいろ重なって、一時期、給食を食べる班のみんなから無視されるようになった。誰も口をきいてくれない。まるで、そこに存在しないかのように。

殴る蹴るといった暴力は身体に痛いが、〝無視〟という精神的ないじめは心が痛む。

やがて、いつの間にか、いじめの標的が変わり、無視されることはなくなった。

しかし、いじめられる痛みを経験しながらも、六年生の時には、友達数人と、言葉で馬鹿にしたり、癖を真似したりして、いじめる側に立ってしまった。今思えば、本当に申しわけないことをした。

仲間はずれになるのが怖いのは、ひとりになること、孤独になることが怖いからだ。普段はあまり意識しなくても、私の心の奥にはいつも寂しさが横たわっていたように思う。

＊

そんな寂しがりやの性格を引きずったまま、中学生になり、思春期を迎えた。私はサッカー部に入り、来る日も来る日も、筋トレや走りこみを繰り返し、必死でボールを追いかけた。放課後にも近くの公園で練習するほど、サッカーに熱中していた。

しかし、学校の授業には全然ついていけなかった。いや、ついていこうとする努力が足りなかった。私は非常に集中力のない子どもだった。

中学生という思春期の中で、大人の世界を背伸びしてのぞき見ようと精いっぱいだった。

〝人は、何のために生きるのか？〟

〝大人になったら、どうなるのか？〟

必死で求めていた。でも、人生には、傷つくことが多かった。

学校の先生の中には、自分の機嫌で生徒を殴るとしか思えない先生もいた。ある日、鼻血まみれになるまで殴られたのだが、その理由は、体育館シューズの靴紐がほどけていて、だらしないということだった。靴紐がほどけていたというのが、公衆の面前で殴られ、ぶざまにも鼻血まみれになるほどのことだったのだろうか？

大人も間違いを犯すと、自分も大人になって気づかされたが、その頃は抑えつけられることに対して、しぶしぶ服従するか反抗するかしかなかった。

＊

やがて、中学三年の受験の年。学校での成績は相変わらず悪く、五教科の合計点数は百六十点前後だった。その成績では、入れそうな高校はなく、そんな自分の現実に、将来が不安になった。

だからといって、そこで心機一転、必死になって勉強することもなく、楽な道に流されてしまう弱い自分だった。

そんな思いを尻目に、タバコを吸い、バイクを盗んで走らせる、他校の生徒たちを時々見かけ、次第に、非行に走っている他校の生徒たちが自由に見え、うらやましく思うようになった。

＊

そういえば、小学生の時、同級生のお姉ちゃんが、友人数人と突然、私の家を訪ねてきたことがあった。そのお姉ちゃんは中学生だった。誰かが家に来たと、二階の窓からのぞくと、下からこう声がした。

「タバコ吸いたいねんけど、ライターないからマッチ貸して！」

私の家はスナックなので、マッチは腐るほどあったのだ。

〝まだ中学生のくせに！〟

と、心の中で、いつのまにか、不良になった友達のお姉ちゃんを軽蔑する気持ちになったのを覚えている。自分が不良でない時は、不良を見て、軽蔑する気持ちがどこかにあったのだ。

しかし、その自分が不良の世界に惹かれだしたのである。

＊

中学生にだって、人に言えない悩みがある。いろいろ苦しいこともある。やけくそになりたくなるようなこともある。将来が見えなくて、何のために生きていっていいのか、わからなくなることもある。でも、心のどこかで、〝道を踏みはずしたらあかん！〟〝家族を悲しませたらあかん！〟と何かがブレーキをかけてくれる。

しかし、私の場合は安易だった。〝どうせ高校も行かれへんねんし、こんな人生やったら……〟と心がモヤモヤしていた。

＊

そんな中学三年生の一学期のある日、次兄が突然、実家に帰って来た。

次兄は中学時代からボクシングジムに通い、そのまま強豪高校のボクシング部に入ると、高校二年、三年の時にはインターハイのチャンピオンになり、国体でも優勝していた。兄のインターハイの決勝には、連続KO勝ちの当時の日本記録を持っていた高校の先輩のAさんが、わざわざ開催地の金沢まで飛んで来てくれていた。

そして東京でボクシングの強い大学に入り、練習に明け暮れているはずだった。それが、突如、大阪に帰って来たのだ。

次兄はアマチュアボクシングの花街道を走り、ソウルオリンピックの星と期待もされていた。ところが、不可解な判定で敗れたことをきっかけに、葛藤から次第に道を踏みはずすようになっていたのだ。酒や薬物にも走り、ケンカを繰り返し、警察にもお世話になり、まるで野に放たれたヒョウのようになっていた。心の糸はプツンと切れてしまっていた。

実の兄が苦しみ、精神病院の独房に追い込まれた姿は衝撃的だった。

「人生とは何やねん!?」

中学三年の夏休み、怒りにも似た声で、心の中で大きく大きく叫んだ。誰に叫んでいたのだろうか?

暴走族と初めての鑑別所

耳をつんざくうるさい爆音を立てて、激しくバイクを左右に揺らしながら、公道をわが物顔で走る集団の中に、自分の居場所を見つけた。

八つか九つの中学校の出身者が集まり、暴走族を作った。

髪を染め、不良が好む服を着、シンナーを吸いながら、タムロする。土曜の夜には、盗んだバイクを改造し、走らせる。誰がどんなバイクで来るのか？　どんな改造をして現れるのか？　土曜の夜はまるで発表会のようだった。

鉄パイプ、ナイフ、金属バットで武装し、数十台で威嚇しながら公道を走ると、自分の存在が大きくなったように錯覚した。

十六歳になって、定時制高校に通い、一見、人生をまともに考えているように見せかけながら、昼間は遅くまで寝、夜は遊びほうけ、窃盗や暴走を繰り返していた。

＊

ある日、友達十数人と、ある駐車場でシンナーを吸って、タムロしていたら、警察が検挙しに来た。

「お前ら、シンナー吸ってるやろう！」

「吸ってませんよ！」

「嘘つかんかい！」

制服の警察官はそう言って、私の革ジャンをつかみ、引っ張り回した。少し安物の革ジャンは破れてしまった。

それから、さらに警察に敵対心を持ち、暴走中に必ず交番所に行っては、バットでガラスをメタメタに割った。かの尾崎豊の『卒業』という曲を聞いて、少年たちが学校のガラスを壊して回る、という事件が当時多発したが、私たちはゲーム感覚で交番所を何十件も壊して回った。それを繰り返しているうちに、警察は襲撃犯検挙のために、地元の交番所にカメラをしかけていた。

*

うるさい電話のベルの音で目が覚めた。電話の向こうから、「K警察や、今から行くから待っとけ！」という声が聞こえた。

しまった！　警察が来る！

警察が連絡してきたということは、もうすぐそばにいるからだ。

二分も経たないうちに、玄関のドアを叩く音が聞こえた。

やばい。静かに身を潜めていると、アパートの二階ベランダの透かし窓にスーツ姿の男が見えた。刑事は裏から二階に上って来たのだ。

〝やばい！　刑事や。〟

心の中で叫び、必死で窓の鍵を閉めた。

このままでは逃げられない。心の準備もかねて、そのまま返事をせず、台所で歯を磨いていたら、刑事は台所にまで、はしごをかけて上って来て、窓を開けてくるではないか！

ここまでやるか……。しかも、近所の会社からはしごを借りてまで……。〝相手は少年やのにプライバシーもないんか！〟と思った。

観念して、玄関を出たら、逮捕状を見せられた。それは〝窃盗罪〟の逮捕状だった。

素直に刑事の車の後部座席に座った。私が真ん中で、刑事二人が私をはさんだ。被疑者を刑事二人がサンドイッチするのが、逃亡を防ぐためなのは言うまでもない。

＊

K警察の取り調べ室に着くと、早速、刑事さんは口を開いた。

逮捕となった罪名は、倉庫荒らしによる窃盗罪だった。

しかし、刑事さんは、その事件の取り調べよりも、こう切り出した。

「最近、わしらの管内で交番所を襲撃するやつらがおるねんけど、お前、知らんか？」

どちらかというと優しいトーンで、刑事にしては珍しく、高圧的な物言いではなかった。

「いや……、僕知りません。」

「ほな、この写真見てみてくれ。心当たりないか？」

顔ははっきり写ってはいないが、バットを振りかぶろうとする男が写っている。それが誰かは、私にはよくわかっている。

「……。心当たりないですね！」

そう言って、もう一度その写真をよく見たら、顔こそはっきり写っていないものの、写真の洋服と今私が着ている洋服が一緒ではないか？　これは〝シラの切りようもない〟。

「すいません。実は僕です。」

「ホンマのこと言えって言うたやろう！」

そう言った刑事の名は本間（ホンマ）刑事だった。

*

K署の地下にある大きな部屋で、手だけでなく足の指の指紋までとられた。その指紋は警察のコンピュータに登録される。〝今後、悪さする時には、手袋はめなアカンがな！〟と心の中で考えていた。

＊

そこから、堺市にある大阪少年鑑別所に送致された。

初めて入る鑑別所はどんなところかと緊張していた。建物は古く、部屋は狭く、電気は薄暗く、古びた粗末な机と椅子が部屋の奥にあった。机の天板を上げたら、洗面台になる。椅子の座席は開閉式になっていて、その座席を上に上げると、下には汚い便器があった。つまり、便器の上に板が乗せてあって、その上に座って生活するということだ。

なんというところに来てしまったのか……。

隣に建っている大阪刑務所から、囚人たちの大きなかけ声が時々聞こえる。窓からは小さな景色が見え、夜になると、とても静かだった。数十分に一回は、看守である法務教官の先生が見回りに部屋の裏を通る。

〝……今、友達は何をしてるやろう？〟

〝……あぁ、捕まって最悪や。〟

〝……あぁ、バイクに乗りたい。〟

〝……コーラが飲みたい……。〟

そんなことばかり考えていた。

数日後、独居房から集団寮に移動した。集団寮では、古い者ほど立場が強い。日にちが経ち、自分がその部屋で古くなっていくと、少し先輩風を吹かし、新しく入って来た者と、バイクや犯罪の話ばかりしていた。反省の言葉を口にする者など、一人も見かけなかった。

＊

一か月が過ぎ、審判の日は来た。一回目だから、少年院には行かなくていいだろう。予想どおり、審判の結果は〝保護観察処分〟だった。簡単にいえば、月に一回か二回は必ず保護司さんのところに通い、不良とはつき合わないなどの誓約をし、破ればブタ箱に入っても仕方がありません、といった約束をする処分だ。

ともかく、予想どおり、社会復帰となった。

＊

審判には、母と弁護士さん、別れていた父が来てくれていた。釈放後、父と母と三人で、その日のうちに大阪保護観察所に行き、保護観察処分の手続きをした。十六歳だが、当たり前のように、一か月ぶりにタバコを吸う。久々のタバコは頭にくらっときた。

鑑別所から帰った初日こそおとなしくしていたが、二日目からは早速、シンナーを吸った。反省などしていなかった。〝二度と捕まるようなことはしません〟と約束したが、それは〝捕まるようなドジなことはしません〟という意味だった。

荒れる生活

その頃の大阪の暴走族の間では、五月の子どもの日、七月の七夕、十二月のクリスマスが、大暴走の日だった。大暴走とは、さまざまな地域の暴走族がそれぞれ集まり、多くの台数で合流して走ることをいう。

毎週土曜日に暴走するのを楽しみとし、大暴走の日に、どこのチームがどれだけ単車の台数を多く出すか、どんな目立った改造をするかに、神経を注いでいた。

＊

ある日、友人が少年院から帰って来た。仲間が集まって、彼の出所を喜んだ。

その時、私たちは彼に言った。

「最近では、ナイフを持ち歩いてんねん。」

＊

当時、大阪で暴走をしていると、〝族狩り〟と呼ばれる四輪に乗った大人たちともめたり、鉄パイプで殴られたりすることがあった。

私の大事な先輩は、〝族狩り〟に捕まって、手にロープをくくられ、車で引きずり回され、腕の肉を地面でそぎ落とされたこともあった。

もともと〝族狩り〟とは、暴走族の騒音や反社会的行為に対して、暴力で制圧しようとする大人たちのことを言った。でも中には、盗んだ四輪に乗り、〝族狩り〟のフリをして、暴走族に車で幅寄せし、鉄パイプやバットで襲いかかる現役の暴走族もいた。

もしも襲われた暴走族が、改造した単車を乗り捨てて逃げれば、その高価な単車を自分たちの物にできる。それで、現役の暴走族やＯＢなどが族狩りに扮することもあった。

右翼の暴走族撲滅運動により、攻撃されることもあった。

また、友人が暴走中に街宣車に跳ねられ、ＩＣＵに運ばれたこともあった。

ある意味においては、暴走族は火傷（やけど）では済まない、命がけの火遊びのようなものだった。

＊

私たちの非行はエスカレートし、だんだん武装化が激しくなっていった。〝族狩り〟のような存在に対抗するという意味合いもあった。そして、金属バットや鉄パイプだけでなく、ジャックナイフも持ち歩くようになった。

そして、さまざまな〝族狩り〟に襲われては、それらの武器で応酬し、時にアスファルトの上が血みどろと化した。

一年もしないうちに、他の地域の暴走族との連合によって数が膨れ上がり、〝族狩り〟が襲ってくる余地もないほど、その狭い世界で力を持つようになっていった。

＊

そんな背景の中で、少年院から帰って来た友人にナイフを持ち歩くことを勧めたのだ。ところが数日後、その友人は持っていたナイフで刺殺事件を起こしてしまった。それでも、無抵抗で見ず知らずの人間をケガさせるわけではないからといって、自分たちのしていることをそれほど悪いとは思えなかった。私たちは仲間と一緒にブレーキの利かない列車に乗り込んだようなものだった。

＊

通称ＬＲという四輪の環状暴走族のもとに、生野、平野、東成、東大阪から三百人を超える数が集まり、私たちは抗争や暴走に明け暮れていた。

抗争になったら、金属バット、火炎ビン、ナイフで武装する。

暴走族の抗争は、集団のぶつかり合いもあるが、相手の地元に少数で入り込み、敵を拉致することも日常茶飯事だった。抗争中は、いつ敵が車でさらいに来るかもわからない。

また、自宅に敵のチームがいつ襲いに来るかもわからない。実際に私の家も襲撃され、玄関のドアノブを破壊されそうになり、「弟を出せ！」と、ナイフとバットで武装した十数人に、関係のない兄が囲まれたこともあったそうだ。

敵に捕まったら最後、どんな目に遭うかわからない。後輩の一人はリンチされ、半殺しにされたあげく、山に首まで埋められ、小便までかけられた。死人が出ることも珍しくなかった。

そんな抗争を幾度も繰り返しながら、

〝あいつらはすぐナイフを出してくる〟

〝あいつらとケンカしたら刺される〟

そんな噂が飛び交って、私たちのチームは一目置かれるようになっていった。

その頃は、チームの名前が売れることがすべてだった。大阪で最大の暴走族になることが夢だった。

しかし、意気がっても、背伸びをしている子どもにすぎなかった。人の物を奪い、人を傷つけることの上に、私たちはあぐらをかいてしまっていた。

三回目の鑑別所とクスリの誘惑

十八歳を目前にした一月のこと。新年会と称して、暴走族の仲間四、五十人が集まり、飲めない酒を呑み、ドンチャン騒ぎをしていた。酔いが回ってくると、誰からともなく、「バイクに乗るぞ!」という話になった。

普段、土曜の夜に暴走する時は、酒を呑んで暴走することはない。だが、この日は違った。無免許運転プラス飲酒運転で、大きな音を掻き立てながらバイクで街に繰り出した。

すると、どこからともなくパトカーが現れ、後ろにぴったりと張りつかれた。

私たちは蛇行運転を繰り返し、大きな排気音を立てて、パトカーを挑発しながら逃げた。しばらくして、パトカーをうまくまいた、と思った。そして、近くのコンビニの駐車場にバイクを停めた瞬間、たくさんの警官の姿が、視界に飛び込んできた。

抵抗も虚しく、無免許運転および酒気帯び運転で緊急逮捕。こうして、三度目の鑑別所送りとなった。

*

この三回目の鑑別所の時に担当してくれたのが、森本三千代調査官（仮名）だった。森本調査官は、私が読書好きなのを知って、小説の話を一緒にしてくれた。さらには次の面接の時には、「いろんな本を読んだほうがいいわよ」と言って、吉本ばななの『キッチン』を自宅から持って来てくれた。私は、それで一気に心を開いた。自分が好きな作家の大事な本を鑑別所に持って来て貸してくれたのだ。

母と一緒の面接の時に親子ゲンカになったのを、体を張って止めてくれたこともあった。優しい調査官が、この時ばかりは真剣な顔で、目を真っ赤にさせていた。

自分のために本気になってくれる人がいる。そう感じた。

〝森本調査官はええ人や。信頼できる人や……。〟

親や心配して本気になってくれる森本調査官のような人を悲しませたくはない。

でも、悪いことを完全にやめるのは俺には無理や……。さんざんスリルと快楽に溺れた生活からはそんなに簡単に抜け出せるものではなかった。地元で生活していると、誘惑は次から次に目の前を通り過ぎ、私の頭に残像を残していった。

＊

アルミホイルに白い覚醒剤の結晶を転がし、ライターで下からあぶり、アルミホイルで作ったパイプで、煙を少しも見逃すことなく、必死で吸い込む。まもなく、後頭部にさーっと快感が走る。倒れそうになるぐらいの快感だった。

覚醒剤に手を出したのは、身近な友達が手を染めていたからだった。そのことで覚醒剤への危機意識が薄れ、興味半分で手を出した。そして、気づけば、薬物にはまっていた。

ある日、覚醒剤をする。少し日を空けて、シンナーを朝昼晩吸う。そして、数日して、また覚醒剤を身体に入れる。そんなサイクルを繰り返しながら、お金欲しさに恐喝を繰り返す。薬物に溺れるにつれ、身体は痩せ細る一方だった。

不良グループの中で、覚醒剤に手を出す者たちが他の地域からも集まって来た。覚醒剤をしている者同士は、顔を見るだけでなんとなくわかる。蛇の道は蛇ということだろうか。

その中で、注射器で覚醒剤を身体に入れる者とアルミホイルで吸引する者とがいた。私個人は、友人に注射してもらうこともあったが、吸引するほうを好んだ。心のどこかに、クスリは気持ちいいが、これ以上ハマるのは怖いという思いもあったからだ。

覚醒剤に手を出しながらも、もしやめられなくなって、廃人になったらヤバいという警戒感は持っていた。しかし、結局は薬物にどっぷりと浸かっている自分がいた。

＊

クスリは快楽を与えてくれたが、同時に、やめられないという虚しい現実だけがあった。

それをくり返すたびに、自分を滅びの淵へ追いやる。絶え間ない正当化を繰り返し、自分のために周りがどれほど苦しんでいるのかも気づけない。

薬物に手を出した最初の頃は、〝俺はやめようと思えば、いつでもやめられる〟と自分に決定権があった。薬物をするもしないも、自分の意思で決めていたからだ。

しかし、いつのまにか、私が薬物の奴隷になり、立場が逆転していた。自分の意思でやめたいと思っても、身体が欲しがって、感情がコントロールできずに、また手を出す。

薬物の誘惑が、いや、薬物そのものが、私を支配したのだ。

＊

夜眠る時には、誰かが襲って来ないかと不安だった。〝ぬいぐるみがそばにないと寝られない！〟という女の子ならまだカワイイものだが、枕元にナイフか包丁がないと寝つけない、そんな人間になっていた。絶え間ない疑心暗鬼の状態だった。

薬物を繰り返し、疑心暗鬼になると、ひとりでいるのが嫌で、後輩を無理に呼んでは、家に帰らせなかった。そして、先輩の言うことを聞いてくれる後輩を集めて、お山の大将を気取り、意気がる。

自分でも気づかない間に、次第に周りから人が離れていった。

ひとりぼっちになった時、虚しくて、情けなくて、涙がこぼれたこともあった。誰も近寄って来ない。

携帯電話代も払えなくなって、止められた。ひとりぼっちが嫌で、誰か友人か後輩を呼ぼうとしたが、友達に電話をかける十円玉さえ見つからなかった。公衆電話に行き、受話器を握りしめながら、声を詰まらせて泣いた。

自分のそばから人が離れていって、ひとりぼっちになった時、被害者意識だけ強く、人間不信になった気がした。しかし、私は、私自身の行動でどれだけの人を人間不信にさせたのだろうか。

*

百八十六センチの私が五十数キロの体重で、目だけを鋭く光らせていた。粗末な布団の上で天井を見つめながら、自問自答した。

〝このままで本当にいいのか？〟

そう良心が問いかけていた。しかし、その良心の声は、いとも簡単に欲望に掻き消されていた。

悪いことや快楽、楽な道にどっぷりつかった自分が道を変えることは容易ではなかった。初めからこんな人生を歩もうと思っていたわけではなかったのだが……。

四度目の逮捕

そんな十九歳のある時、南署から逮捕状が回っていることを家族から聞かされた。一九九四年十月の千人暴走の首謀者の一人として、〝切符〟(逮捕状)が出ていたのだ。

その時までには、すでにいろんな罪名で鑑別所に三回入っていた。そのたび、何とか少年院に行かずに社会復帰することができていた。しかし、四度目の鑑別所送りでは、もう少年院は免れないだろう。

一年も娑婆(しゃば)を離れるなんて、たまったもんじゃない! 友達は社会にいるのに、自分だけ鉄格子の中で青春を過ごすなんてありえない。遊びたいことは、いっぱいある。薬物もしたい。

でも、逃げていてもしかたない。少しでもこれからの審判で裁判官に良い印象を与えて、審判の結果が有利になるようにと、頭を角刈りに短く切って、K署に出頭した。K署には、私たちのグループのことを何かと親身になって心配してくれている吉永刑事がいたからだ。

どうせ手錠をかけられるなら、吉永刑事にかけてほしかった。

私は吉永刑事に電話をした。

「僕、南署から逮捕状が出てるんですけど、南署の刑事に逮捕されたくないんで、吉永さんのところに行っていいですか？」

「わかった。今からK署に来い。南署にワシから連絡しておく。」

＊

大阪・生野区の後輩が、K署の近くまで送ってくれた。その後輩は、特別少年院に送られたこともある、少年院の常連だった。

「野田くん、年少（少年院）の一年はあっという間です。腹くくって、がんばってください。」

＊

逮捕状を出している南署の刑事がK署まで迎えに来た。残念ながら、手錠をかけたのは南署の刑事だった。

そして南署に連行された。

窓から流れる景色を見ながら、〝これから、俺はどうなるのだろう……？〟と不安だった。

誕生日の三日前、一月の太陽の光が暖かく感じる日だった。

＊

南警察には、私の地元の警察署と違い、三十数人の人が留置されていた。ミナミの町の犯罪者の多さに、〝さすが南署やなぁ〟と妙に納得した。

取り調べは二十日間続いた。

東大阪、生野、平野、東成、西成、淀川、住之江、兵庫の伊丹、尼崎などから、千人以上が集まった暴走で、道路が数百台のバイクと四輪で埋め尽くされ、大きな事件として刑事さんも張り切っていた。

結局、そのうち二百十三人が検挙され、各チームの幹部が代表して逮捕される形になったのだ。

暴走族や不良の世界では、通常、先に警察に捕まった者が〝共犯者である仲間〟をかばうために、たとえ一年間、少年院の中で臭いメシを食うハメになっても、口を割らないというルールがある。

仲間を密告（チクッ）て、地元に帰りづらくなるようなことはしたくない。一人で罪をかばい、一人でも多くの友達の名前が調べに出てこないように腐心した。

＊

留置場で二十日を過ごした後、堺の鑑別所に送致された。

一度目の鑑別所に入った時は、数日後に集団寮に移されたが、二回目からはずっと独房だった。

＊

鑑別所の中では、窓の外にハトがやって来る。

ハトが住み着いたら糞害の問題があるので、教官は絶対に米粒を投げ与えないようにと、口うるさく注意する。見つかったら、それこそ憤慨され、規律違反で審判にも響いてくる。

皮肉にもハトは自由で、私が鉄のカゴの中にいる。

なぜか、その場所では、ハトが愛おしく思えてしまう。麦飯の米粒を指ではじいて外に飛ばすと、ハトも教官を警戒しながら、米粒を突っついている。〝お前も俺と一緒やな〟と一体感を感じる。米粒を喜んで食べるハトを見て、こちらの心も嬉しくなった。

心に響く言葉

独房の中では、毎日、日記をつけさせられる。書かないといけないから書く。その日記帳のページの上のほうに、毎日、偉人や著名人の警句やことわざが一言、記されている。その一言が心に響くことがある。

印象的だったのは、

「喉元過ぎれば熱さを忘れる。」

ホンマや。私の場合、その時、〝熱い！　痛い！　しまった！〟と思っていても、ほとぼりが覚めれば、あの時の痛みを忘れてしまう。そんな自分を思わされた。

また、キケロの、

「涙ほど早く乾くものはなし。」

この言葉も心に染み入った。

恋人の手紙を読み、面会で母に泣かれ、〝もう捕まるようなことはしない！〟と決意し、涙を流しても、その涙の乾かないうちに、私の心に快楽を慕う邪念が湧き上がる。

涙ほど早く乾くものはない……。そう、実感した。

こんな言葉も心に残った。

「心清いものは幸いなるかな。」（イエス・キリスト）

イエス・キリスト……。全世界の誰もが知っている名前。どんな人か詳しく知らないが、髪の長い、白い服を着た、優しそうで、とても清そうな人。

心清いものは幸い？　心が清いことが幸せ？　幸せとは何だろうか？

いつの頃からか、私の幸せとは、己の快楽を求めることになってしまっていた。

俺は、これからどうして生きていくべきだろうか？

自分の目の前には、善の道と悪の道が二つに分かれている。

＊

鑑別所に入って何日か過ぎたある日、父と次兄が面会に来た。何を話したかは、もうほとんど忘れてしまったが、次兄はまっすぐに私を見つめて、こう言って励ましてくれた。

「俺の人生、今までヘビーやったけど、これからは俺も巻き返しするから、お前もがんばれ！」

兄の目を見ると、今まで精神病院で過ごした時のような目でなく、少し落ち着いた優しい眼をしていた。私はその決意を聞いて、〝俺もがんばらなあかん！〟そう思った。

父と兄は、クリスチャンである長兄から託された分厚い聖書を差し入れて帰って行った。私は、聖書を少しずつでも読んでいこうという思いになっていた。

＊

分厚い聖書を開いてみた。

「初めに、神が天と地を創造した。」（旧約聖書「創世記」1章1節）

この分厚い本は、第一声、そう宣言していた。へぇーという反応だった。

そして、もう少し読み進めると、

「神は人をご自身のかたちとして創造された。」（「創世記」1章27節）

という言葉が目に入った。

学校では、サルが進化した、と教えられた。しかし、神が人間を造ったという聖書の話が本当なら、人間は偶然に誕生したのではない、ということになる。偶然ではなく、目的があって人間は造られた。そのほうがロマンがあるではないか。漠然とだが、そう思った。

しかし、その時の私の最大の関心事は、〝このまま鑑別所から少年院に入らず、社会に帰れるのか？〟ということだった。そのことだけが心配であった。

そして数日後、いよいよ審判の日を迎えた。

浪速少年院へ

「野田詠氏君。君を中等長期少年院送致とする。」

そう言い渡された私は、鑑別所で数日を過ごした後、どこの少年院に送られるのか、その結果を待っていた。

関西近郊には七つほどの少年院がある。年齢、犯罪傾向、再犯……、それらによって送られる少年院が変わってくる。

数日後、私の収容先は浪速少年院に決定したことを聞かされた。

浪速少年院。厳しい訓練がある少年院。

＊

二、三十人は乗れる大型のバスに乗せられ、少年院へと出発した。広い車内の中に、もう一人の少年が同じく移送されていた。同じ年頃の少年。大型バスに揺られ、大阪・茨木市の浪速少年院に移送された。

今から一年間、泣いても笑っても鉄格子から出られない。これから、どんな生活が待っているのか？

流れる景色を尻目に、これからの生活の不安を抱え、溜息ばかりが出てきた。

＊

一時間ほどして到着した少年院は、イメージしていた古ぼけた建物でなく、建て替えて数年の、清潔そうな建物だった。

重い鉄格子の扉が開かれ、前を歩く教官の後ろを呆然とついて行った。

ほどなくして、私がこれから生活をする、新入りや中でケンカや問題を起こした少年が過ごす〝洗心寮（せんしんりょう）〟の一室に通された。狭いが、壁一面白く、トイレもきれいで、大阪鑑別所より清潔だった。

時々、収容者の大きなかけ声がこだましてくる。前と後ろには、しっかりと現実を思い知らされるような鉄格子が立ちはだかっていた。

＊

次の日から待っていたのは、新入り院生のための厳しい訓練だった。来る日も来る日も、行進・気をつけ・回れ右・かけ声、そして、腕立て伏せに腹筋・スクワット・ランニングの基礎体力の訓練だった。さながら、軍隊の訓練のようだ。

毎日、朝礼があり、五つの寮から、七十数人の院生が校庭に集まり、点呼をする。

夜、就寝の時間が近づくと、いっせいに布団を敷く時間がある。その時、冬でも窓を開けて布団を敷かねばならない。外を見回る先生から部屋の中を詳しく見渡せるように、そして指導の声が聞こえやすいように、という理由であった。

ある夜、入って来たばかりの私は窓を開け忘れ、布団を敷いていた。すると、にらみをきかして外を見回る初老の先生に目をつけられてしまった。その先生は、私の部屋の窓をドンと叩き、「窓を開けろ！」とすごい剣幕で怒鳴り立てた。

思わず、怒りが込み上げた。

「何じゃ、こら、ふざけんな。」

その先生は、「調査や。こいつを調査にしろ！」そう怒声を上げた。
四、五人の教官が、瞬時に私の部屋に駆けつけてきた。駆けつけた先生は、悲しそうな目をしていた。
私は素直にカメラ付きの部屋に連れて行かれた。

それが〝調査〟という処分で、その処分を受けたら、一か月間、収容期間が延長される。そして、訓練にもすべて参加できなくなり、ひたすら反省文を書かされる毎日を送らねばならなかった。先生の目だけでなくカメラでも監視される。人間扱いされていない、と心の中で思った。

＊

一か月が過ぎて、また訓練が再開された。

朝昼は弱音を吐く暇もなく、訓練に明け暮れる。

〝これから俺はどう生活していこうか……。〟

ふと、兄から差し入れされた聖書を思い出した。そして、何となく開いてみたりしていた。

ある日、その聖書の中から、一つの言葉が目に留まった。

「造られたもので、神の前で隠れおおせるものは何一つなく、神の目には、すべてが裸であり、さらけ出されています。私たちはこの神に対して弁明をするのです。」（新約聖書「ヘブル人への手紙」４章13節）

神の前にはすべての人が裸でさらけ出されている……。

この言葉が、心に飛び込んできた。

今まで、誰にも、自分の心の中までは知られるはずがない、そう思っていた。

しかし、すべての人は神の前に裸同然だという。神の前には、心の中もさらけ出されている、と。

もし、自分の心で考えること、思ったことを、いちいち人に知られたとしたら……。

いったい誰が堂々と顔を上げて生きていけるだろうか？

どんなに汚れなく生きているように見える人でも、その心に思うこと、考えることを人に知られたくない、と思うものではないだろうか……。

俺のした悪いことは、たとえ警察にバレなくても、親にバレなくても、神にはすべて知られているのだ……。

その時、突然、私は背後に神の視線を感じた。神は俺のことを見ている。

神にはすべてお見通しだ、と。

もう悪いことはできない……、そう思った。その日から、神に見張られている、と言ったらいいだろうか、神の視線を感じない日はなかった。

＊

ある日、義姉から手紙が届いた。〝あなたの祝福をお祈りしています〟という短い言葉とともに、生まれて数か月の姪の写真が入っていた。

その写真を見ながら、〝俺もがんばらなあかん〟、不思議とそんな気持ちにさせられた。

心からの祈り

私は〝助けてほしい〟と願う問題を抱えていた。それは、ケンカ相手からの報復や今までの人間関係のトラブルから、殺されるのではないかという恐怖だった。殺されるぐらいなら殺してでも生きていたい、そう考えていた私だった。

また、人には言い切れない、数々の過去の罪が思い出され、〝もし自分が今までに蒔(ま)いてきた種を刈り取らないといけないとしたら、自分の将来はどうなるのだろう？〟、そんな恐怖が悪夢になって、私を苦しめた。

しかし、神の視線を感じるようになった今、来る日も来る日も、祈りをささげた。

「神様、すべてはあなたの前にお見通しであることを知りました。私もあなたの前に、罪を悔い改めて、新しく生きていきます。どうか、今までの私を赦してください。私の問題を解決へと導いてください。」

*

今まで、神社仏閣には何度も祈ったことがあった。

小学校三年の時、母の帰りが遅く、腹を空かせた私は、家にあった本尊に、〝母が早く帰って来ますように〟と必死に祈ったことがある。

小学校六年の時には、〝カゴから逃げた九官鳥が見つかりますように〟と、小銭を握りしめて、神社の賽銭箱に投げ入れて、必死で祈った。

そのほか、〝お金持ちになりますように〟とか、〝好きな女性と結ばれますように〟とか、そんな祈りは何度かしたことがあった。

しかし、〝こんな自分を変えてほしい〟、そう祈ったのは初めてだった。

神の前に自分の罪を認め、新しく生きていくことを決意して祈った時、心にさわやかな風が吹き抜けていったような気がした。その時の気持ちを何と表現したらいいだろうか。

*

ある日、一人の教官が何気なく、私に一冊の本を持って来た。

「これ、読んでみたらどうだ。」

題名は『塩狩峠』。

〝何の峠の話や……？〟

早速ページをめくった。途中から、聖書やキリストの話題が出てきた。夢中になって読んだ。一日二日で読んだだろうか。

そして、クライマックス……急勾配の坂道を突然後退しだした列車がカーブにさしかかろうとする時、主人公は、ブレーキのきかなくなった列車に、自分の身を投げ出した。線路と甲高い音を立ててきしむ車輪の間に自分の身体を投げ入れて、列車を停めたのだ……。雪一面の辺り一帯に鮮血が飛び散ったという。たくさんの乗客の命を救うために……。

そのシーンは私を揺さぶった。私は何度も声を詰まらせて泣いた。なぜ、こんなことができるのか？　しかも、これは実話に基づいた話だという。

自分の命を投げ出して、他者を救う。そんなことができるのか？　何が主人公を突き動かしたのか？

当時読んでいた芥川龍之介の本の中に、こんな内容の一文があった。

〝人に善行をするのは、すべて好悪による。人を救っている自分。そういう自分に酔いしれて、それを好しとして、人は善行をする。〟

自分の命を、痛みも血も出る生身の身体を、死ぬのをわかっていて、列車の車輪に投げ入れることができるのか？　それも好悪で。

この主人公を突き動かしたもの……。それが今、自分が信じようとしている神の力でないかと感じた。

出院

あれほど嫌だった少年院生活も、充実しているとさえ感じるようになって、一年と二か月が過ぎた一九九六年の三月、とうとう社会に帰ることとなった。

浪速少年院を一歩出れば、朝日がまぶしくて、しかたがなかった。

＊

出院の日、母と次兄が車で迎えに来てくれていた。鉄格子の外で吸う空気のおいしさは、ひとしおだった。次兄の車に揺れながら、〝これからどう生きていこうか……〟と思い巡らしながら、家路に着いた。

私は出院後、次兄が勤める神戸の会社に住み込むことになっていた。行く前にひとまず地元に帰り、何人かの友人たちに連絡をした。駅まで後輩がバイクに乗って迎えに来た。それまでの私なら、早速バイクに二人乗りして、仲間のところに向かったことだと思う。しかし私は、後輩にはバイクを押してもらって、二人で歩いて仲間のところに行った。

仲間の何人かが駆けつけてくれ、〝出所祝い〟と言って、封筒を手渡そうとしてきた。

その金がきれいなお金でないことはわかっていた。気持ちは有難かったが、「ありがとう。いいわ」と断った。友達は首をかしげながら、腑に落ちない様子で封筒を引っ込めた。

＊

その頃、私の地元の仲間は、ほかの区域の暴走族と抗争状態になっていた。

同じグループの総長だった友人が、私が少年院から帰って来たことを聞き、笑顔で駆けつけて言った。

「おお、野田。よく帰って来てくれた。今、もめてるところやから、ひと暴れしてくれよ！」

「……。」

私は間をおいて、申しわけなさそうにしながらも、はっきりと言った。

「俺……、キリスト信じたから、ケンカはもうできへんわ……。」

友人は絶句していた。

ハクをつけて少年院から帰って来ると期待して待ってくれていた仲間は、

「あかん。あいつ、キリストにボケてまいよった！」

そう言って、驚き呆れていた。

教会

神戸のド田舎の会社に入った私は、土木現場で一生懸命働いた。

仕事を終えると、会社の寮から七、八分歩いたところにある、近くの教会に通った。

次兄は、仕事の世話をしてくれただけでなく、近くに教会も見つけてくれていた。

少年院の中で『塩狩峠』を読んで衝撃を受けた私は、兄にも『塩狩峠』を読むよう勧めていた。兄は『塩狩峠』を手にし、考えることがあったのだろう。私が出てくるまでの間、自分もたまに教会へ通っていたみたいだった。

＊

教会はプレハブのような建物だったが、教会の人たちは、私を歓迎してくださった。

私は、聖書の神をもっと知るために、熱心に教会に通った。牧師のお話の時間は、スポンジに水がしみこむように真剣に聞き入った。

今まで、ナイフ片手に人を傷つけてきた自分……。

臆病だからこそ、強がっていた、本当は弱い自分……。

なのに、意気がっていた罪深い自分……。

教会へと向かう道すがら、道端にあるゴミや空き缶を拾っては、ゴミ箱に捨てたくて、しかたなかった。少年院を出てきました、と言わんばかりの坊主頭から少し伸びた頭で、空き缶を拾いながら、教会に向かう私の姿は、ハタから見れば異様だったかもしれない。

＊

教会通いを続けていたある日。教会で〝イエス・キリストが人間の罪のために十字架にかかられた〟という話を聞いた。それまでにも二度か三度は聞いたことがあるだろうその話を、改めて聞かされたのだ。

イエス・キリストが十字架にかかったのは、有名な話だ。しかし、そのイエスの死は、私の罪のため！　すべての人間の罪のため！　具体的にその時、教わったのだ……。

牧師は確信と笑顔に満ちた顔で言った。

「イエス様は十字架で人類の罪を背負って死んだ後、三日目によみがえって、今も生きておられ、現代でも信じる者の心に住んでくださるのですよ！」

俺は信じる。信じたい。俺にはこの方が必要だ。心底、そう思った。

牧師の道へ

しばらくして、暴力団から神を信じて更生した「ミッション・バラバ」というグループの人たちの講演会が神戸で開催されることを聞いた。

私は、地元で世話になっていたヤクザの先輩と数人の友人を連れて、会場に向かった。

ミッション・バラバの人たちの体験談こそ、自分たちのような人間に必要だと思った。

*

講演会の終了後、ミッション・バラバのメンバーの一人、金沢泰裕牧師とお会いした。

話しかけると、気さくに応じ、名刺をくれた。そこには〝大阪市生野区〟と書いてあった。

「先生は生野の人ですか？　そしたら元・生野連合ですか？　……ところで、先生、東大阪の暴力団や暴走族の人たちのために、東大阪で講演会を開いてください。」

そんなふうに頼んだことがきっかけで、金沢牧師が開設した教会へ頻繁に遊びに行くようになった。

*

やがて、金沢牧師とそのご家族と接するなかで、〝俺も牧師になりたい！〟という願いが心に湧くようになった。

そして、一九九七年の春、聖書のことも、ほとんど何もわからないまま、私は、金沢牧師の出身校である、奈良県にある生駒聖書学院という神学校に入学することになった。神学校とは、牧師や宣教師になるための学びをする特別な学校である。

入学式には、父も来てくれた。人生をやり直して、牧師になろうという姿を父に見てもらうことができたのだ。

もともと父は全くお酒が飲めなかったのだが、三十五歳の頃から飲むようになったそうだ。そして飲み過ぎで肝臓を患い、一年ほど前に、肝臓がんを宣告されていた。

入学式の三か月後、この年の七月、父は肝硬変で天国に旅立った。今思えば、人生の再出発であるこの入学が、父を唯一安心させられた最後の親孝行だったのかもしれない。

＊

学院での生活は、順調な日々ばかりではなかった。学院を飛び出したことも二回ほどあった。〝この道は自分には向いていない。もう牧師を目指すのをやめよう〟と思ったのだ。

ある日、突然やけくそになって、学校も教会も飛び出した。そして、昔の仲間の家に行き、覚醒剤を使ってしまったのだ。

しかし、心から楽しめなかった。不思議なことに、覚醒剤を身体に入れ、どれだけ自分を責めても、あの日、少年院で感じた神の視線が、私の脳裏から離れることはなかった。

数時間後、虚しい気持ちになって、後輩の家を出て、昔は悪の巣窟だった自宅アパートに帰った。布団をかぶって、ため息をつく。布団から顔を出し、天井を眺めると、〝学院に戻りたい〟という気持ちがあふれてきた。

でも、こんな自分なんてと、罪悪感が、学院に戻りたい気持ちを押しつぶしてくる。

＊

思い立って、聖書学院の同級生に電話をかけた。すると彼はこう言った。

「副院長が、今朝、言ってたよ。『彼はきっと帰って来ます』と……。」

面食らったように、その一言に衝撃を受けた。

自分を信じてくれている人がいる。俺を信じてくれている。

私はその一言に背中を押されるように、学院へ戻った。

今まで逃げてばかりだった私が学院に戻ることができたのは、副院長のおかげだった。

逃げ続けなくなったのが、私にとっての成長の始まりだったのかもしれない。

あの時から十七年、私がいっさい身体に覚醒剤を入れていないのは、言うまでもない。

少年院で体験談を語る

そんな神学校生活も最終学年の三年生になった。

その年の十月に、素晴らしい出会いが与えられた。京都医療少年院で四十年以上、少年少女への働きを続けてこられた中坊久行牧師との出会いだ。

中坊牧師とは知人を介して、知り合うことができた。その知人から、「少年院の中でクリスチャンになった青年がいる」と、私のことを聞いてくださったのだ。少年院の中で信仰をもった私を、先生は特別にかわいい存在と思ってくださったのではないだろうか。

＊

京都医療少年院は、全国で四つしかない医療少年院の一つで、男子と女子も同時に収容する施設だ。中坊牧師は、その京都医療少年院の宗教講話の時間に、私に、キリストを信じるようになった体験談をするよう依頼してくださった。その時、目の前が明るくなった。

私は少年院の中で聖書と向き合い、イエス・キリストを信じ、新たな歩みを始めるようになった。そんな私にとって、少年院で自分の体験談を話すことができるというのは、とても嬉しいことだ。

そもそも少年院出院者が、少年院の中で体験談を語るなど、めったにないことだ。少年院で体験談を話す……、緊張することだが、それ以上にワクワクする。約束の日、私は、緊張とワクワクの期待感が入りまじる気持ちで、京都医療少年院に向かった。

＊

京都府宇治市の住宅街の一角に、京都医療少年院はあった。

法務教官の先導によって、ロックされた分厚い扉が開かれ、中に進んで行く。その扉こそ、社会と鉄格子の中を隔離する重い扉だ。その先に入るのは、少年院送致された少年と職員、そして篤志面接員や宗教教誨師などのボランティアの一部の人たちだけだ。

いくつかの分厚い扉を抜け、階段を上がり、通された部屋が男子寮だった。中に入り、そこで、中坊牧師と付き添いの法務教官と少年たちとで、短く賛美歌を歌う。それから、中坊牧師がこうあいさつしてくださった。

「きょう、話をしてくれるのは、野田さんという、牧師になるための勉強をしている学生さんです。この野田さんは、君たちと同じように、過去に少年院に入った経験もあります。彼の体験談を楽しみに聞いてください。」

少年たちは、紹介を受けた私が、同じような経験をしていると聞いて、しっかり私のほうを向いて、話に聞き入ってくれた。同じ経験者だと知って興味津々だ。いつも少年院に話をしに来てくれる人は、自分たちとは全く違う生き方をしている人ばかりだからだ。

「みなさん、こんにちは。ぼ、僕は野田詠氏といいます……。」

若干緊張しながらも、これまでの私の状態を話しだした。同じように非行に走り、警察に逮捕された私の経験を、彼らは真剣に聞いてくれた。

手首にずっしりと残る手錠の重み……。鑑別所の鉄格子の外にやって来るハトに、米粒をやった話。みんな、同様の体験をしている。

わかるわかる。俺もそうやった。そんな顔をしながら、話を聞いてくれている。

＊

私は続けた。

「つい三、四年前には、私も、みなさんと同じように少年院に入れられていました。そんな私は、悪いことを繰り返し、クスリにも手を出し、人生このままでいいのか、と真剣に考えることもありました。でも、今まで好き勝手な生き方をし、犯罪に手を染めた私は、簡単に人生をやり直せる状態ではありませんでした。

しかし、私は少年院の中で聖書を読み、その中の一節の言葉が心に突き刺さりました。それは、『神の前にはすべての人が裸であり、さらけ出されています』という言葉でした。

この言葉を読んで……」

過去の体験談から神と出会うまでの経緯を一気に話した。

鑑別所に出たり入ったりで、少年院に送られた私が、一節の言葉で変わることができた。

そして今は、牧師を目指して、そのための学校に行っている、と。

「へ～、今はそんな生き方してるんだ。」

そんな思いを持ってくれただろうか……。

＊

その少年たちの中には、地元の後輩もいた。

また、寮の担当教官が、一年前、「ニュース23」という番組で金沢牧師と私を取材した特集をたまたま見てくれていた。

そんなこともあって、その講堂にいる人全員が心を開いてくれていた。

その講話は好評のうちに終わった。

終了後、中坊牧師は、また続けて来てほしいと言ってくださった。

「今度は女子寮で話してください。」

そして、一、二か月後、今度は、女子寮でも体験談を話させてもらえることになった。

女子寮の中の集会所に座っている女の子たちは、どの子も、少年院に入るような子には見えなかった。でも、その裏には、人には言えないさまざまな痛みや過去があるのだろう。

女子寮でも私は同じように、少年院に入っていた体験を話した。私も少年院に入っていたと知ると、「あ、この人も仲間だ」、そんな空気が流れてくる。

「犯罪で得られるスリルやクスリのとりこになっていた私ですが、今は、犯罪もクスリもいらない生活を送って、幸せです。将来は牧師になるのが夢です。」

＊

その中に、真剣に聞き入ってくれていた一人の少女がいた。

胸元の名札から名前を見ることはできたが、どこの地元からこの少年院に来ているのかなどは規則で聞くことができないため、その講話以降、彼女の消息を知る手段はなかった。

しかし、中坊牧師と話をする機会があれば、「あの少女は……」という話になった。

ところが、その少女は、出院して数か月後、当時私が通っていた教会宛に手紙をくれたのだ。

後でわかったことだが、その少女の母親が、娘の非行に悩んだことをきっかけに教会に通うようになり、娘に神様のことを伝えていた。彼女は少しずつ神を信じるようになり、出院してからどのように人生を歩むべきか悩んでいたそうだ。

ちょうど少年院を出院して神学校に行っている私の体験談を聞いて、彼女自身も「これだ！　この道だ！　同じ道を歩みたい」、そういう思いが与えられたと書かれていた。

　そして、手紙に記されていた連絡先に電話をし、彼女との再会を果たすことができた。

＊

　彼女は翌年、生駒聖書学院に入学した。

　彼女も薬物の後遺症に悩まされ、今までと全く違う環境にためらうこともあったそうだ。それでも、徐々にフラッシュバックに悩まされることも少なくなった。

　彼女が以前出入りしていた、ある地方暴力団の組長は、彼女の働きかけによって神様を求めるようになり、事情も重なって組も解散となった。二十歳そこそこの彼女の行動によって、組が解散する一つのきっかけを作ったのだから、不思議だというほかない。

　その後、彼女は紆余曲折を経て、無事に卒業を果たし、聖書学院で出会ったさわやかな青年と結婚した。今は一年に一回届く、お子さんの写真入りの年賀状でしか様子をうかがい知れないが、お子さんの笑顔から、幸せそうな様子が伝わってくる。近い将来、会える日が来ることを期待している。

多くの助け

いよいよ、神学校卒業まで数か月を残すところとなった。私は、自分が育った町に教会を開設することを決意した。

そこで、卒業後に教会をスタートするため、必要なものを準備しようと考え、少しずつ貯金を始めた。といっても、朝から昼までは授業で、ほかにもレポート提出や、夜の集会、教会でのさまざまな働きもある。午後からガソリンスタンドのアルバイトをしてはいたが、毎日、アルバイトを入れるわけにもいかない。それでも、週に三回ほどのアルバイト代や、ほかの教会へ話をしに行っていただいた謝礼などを貯めた。

卒業までに貯まったお金は九万円だった。たかが九万円かもしれないが、今まで、不正をせずにお金を貯めたことなど一度もない。汗水垂らして稼いだ、初めての真っ当な貯金だった。九万円の資金で新規に教会を始めるなど、無謀に近いと思うが、当時は全く気にも留めていなかった。

近鉄奈良線の東花園という駅から徒歩二分のところに、家賃六万五千円、七坪の小汚い貸しビルの一室が見つかった。早速、契約の交渉に入った。

実際に賃貸契約をするには、敷金などの保証金がいる。保証金は三十万円。どう考えても足りない。しかし、学院の先生がたが教会開設のお祝いなどの名目で工面してくださった。また、教会内に掲げる十字架などは、金沢牧師が用立ててくださった。

＊

教会を始めるにあたり、何といっても、建物より人間が大事だ。そこで、十代の頃からの良き先輩であり、遊び友達でもあるＲくんに声をかけた。

もともとＲくんは親戚家族にクリスチャンが多く、中学生くらいになるまでは、ちょくちょく教会に通っていた。しかし、教会に通っていたとはいえ、それは中学生までであり、それも決して熱心というわけではなかった。

十代の後半は一緒によく遊んで、悪さをしたが、その頃の私は教会のキョの字も、キリストのキの字も知らなかったし、Ｒくんが教会に行っていたなど、想像すらしなかった。

その後、Ｒくんもいろいろなことがあったが、私は新しく始まる教会を手伝ってくれるよう依頼したのだ。

Ｒくんも、「エイジが始めるんやったら、じゃあ手伝うわ」と言ってくれた。

アドラムキリスト教会

私は、Rくんに声をかけ、新しい教会をスタートさせた。名前は「アドラムキリスト教会」。「アドラム」とは、聖書に出てくる有名な王様ダビデが王に即位する前、試練の中で逃げ込んだ洞窟の名前だ。そのアドラムの洞穴で、ダビデが一番つらかった時に、ダビデと生死を共にしようと四百人の人たちが集まって来た。聖書によると、その中には、困窮している人やならず者もいたという。しかもそんな四百人が、その後、ダビデが築き上げた統一イスラエル王国の礎になっていった。

その故事にちなんで、困っている人やならず者、そんな人間たちが集まって、神と人に仕え、世の中に対して影響を与える教会になりたい。アドラムという名前には、そんな思いが込められている。

＊

私はまだ二十四歳で、社会でまともに働いた経験もない。つい五年前までは、このあたりの公園で、二、三十人の集団でたむろし、シンナーを吸ったりしていた。そんな私が、聖書を片手に、神妙な顔で神様のことを語る。われながら不思議に思った。

自分でも想像がつかなかった人生だ。私が少年院でハクをつけて帰って来ると思っていたある後輩は、私がクリスチャンになって帰って来たので、〝違う意味で、もっとヤバクなった！〟と思っていたそうだ。

「野田くんは、少年院から帰って来てから、ナイフで人を十字に切りつけるらしいで。」

そんな噂がまことしやかに出回ることもあった。

私が犯罪から足を洗い、人を教会に誘ったりする姿を見て、馬鹿にする後輩もいた。今まで、強引に人を悪事に誘い、クスリを教えたり、火炎瓶の作り方を教えたりしていた過去の私を思えば、その反応は当然だったかもしれない。

二〇〇〇年四月。いよいよ教会をスタートして、初めての礼拝。私とRくん以外にも、Rくんの婚約者と、地元の暴走族の後輩四、五名が来てくれた。

＊

そうした時に、ひょんなことから木崎智之先生とお会いした。木崎先生は、イギリスやフィリピンで、薬物依存者やギャングに神様のことを伝え、更生に導く働きをしたことがあって、道を踏みはずした人たちへの働きに使命を持っておられた。意気投合し、その後も親交を温めた。

数年後、世界九十か国に四百五十ほどの更生センターを持ち、薬物や暴力に依存した多くの人々を導く「ティーンチャレンジ」という働きを、この日本で木崎先生とともにするようになるとは、その時は思ってもみなかった。

＊

教会を始めたものの、収入はない。だから、アルバイトをしながらの自給自足の働き。始めたバイトは市役所のゴミ収集業務で、家庭ゴミを収集しながら、夕方や休日は神様のことを伝えようといそしんだ。

右も左もわからない二十四歳の若造だったが、わからないなりにも、チラシを作成して、近所に配り、人を教会に誘った。

その頃、かつて一緒に悪さをしたことのある同級生が、刑務所を出所して行き場がないということで、数か月、教会で寝泊まりしたこともあった。また、暴走族時代の後輩が礼拝に顔を出してくれたりもした。とても嬉しかった。

しかし、後輩たちは、礼拝が終わると、教会の建物の外でかたまって数人でタバコを吸う。その姿が、まるで不良のたまり場のようで、近所の人から、「怖い」と苦情が殺到したりもした。そして、教会開設当初から、暴走族時代の後輩や友人など、なにか怖そうな人たちが集まっている教会というイメージが近隣で定着してしまい、普通の会社員や普通の主婦みたいな人は、ほとんど来ることがなかった。

悪さをしていた後輩たちも、礼拝に顔を出すものの、先輩後輩のつき合いで来ていただけ。何かしら事件を起こしたり、事件に巻き込まれたりしては、逮捕されていった。つらかった。とても悔しかった。

*

ヤンチャ系の若者があまり来なくなったと思ったところ、今度はヘビメタ好きなバンドマンの若者たちが顔を出してくれるようになった。教会もなかなか楽しいところだと思ってくれていた様子だが、神様を信じるところまではなかなかいかない。それでも、その中の一人は、今も教会につながってくれている。

そんなこんなで人が集まり、また去っていくということを繰り返しながら、丸二年の月日が過ぎた。

小さな一歩

その頃、かねてから結婚を考えていた、聖書学院の一学年下の安奈と結婚することになった。

彼女は滋賀県出身で、父親は大津市で教会の牧師をしている。

結婚前は、大阪から滋賀までの遠距離恋愛だった。いつも滋賀まで会いに行っては、大阪への一人の帰り道を寂しく思った。

〝早く結婚したいな。そしたら、一緒にこの道を帰れるのに……。〟

何度も、そう思った。

*

相変わらず平日の昼間はゴミ収集の仕事をしていたが、給料をもらえば、教会のために献金し、一部を生活費に充て、そこからまた毎月貯金をした。月に十五万円くらいのバイト料で、貯金できる金額は五万円が精一杯だった。そして、やっと貯められたのが六十万円。妻も、独身時代の貯金が六十万。二人して百二十万円しかなかった。いや、考えようによれば、百二十万円もある。

＊

結婚して、二人で力を合わせていく……、それはそれは心強かった。妻の存在は、とても頼もしかった。二人で教会が成長していくように祈っていく日々は充実しつつあった。

この頃には、

「息子が少年院に入っている。」

「息子がクスリをしている。」

「息子が非行に走っている。」

そんな悩みを持つ親御さんたちが、礼拝に通って来られるようになっていた。

また、この頃、暴力団とトラブルを起こした十九歳の少年を教会で預かり、数か月だが、かくまったこともあった。

その少年は、しばらくしたら自立し、好きだった塗装の仕事を再開した。人に好かれやすい性質の彼は、目に見えないところで、すごく努力したのだと思う。数年後、塗装会社を起こし、今は社長として、多くの若者を雇用している。

＊

私たちの教会の様子を、読売新聞の記者さんが、大阪版で五、六回の連載記事にしてくれた。大阪の非行や犯罪などをなくすというテーマだった。反響も結構あったようで、問い合わせが新聞社にたくさんあったらしい。

その新聞を見て電話をしてきた人の中に、Kさんという男性がいる。

Kさんの息子が、まだ十五、六歳で非行に走っていた。親子間もギスギスしていた。

Kさんには、その息子の下に娘もいた。子育ての中、どうしても小さい妹をかばって、そんなつもりはないのに、兄のほうを叱ることが多かったそうだ。それは息子がかわいくないからではない。Kさんは息子も娘も愛していた。しかし、どうしても小さいほうをかばってしまう。そして、小さい妹をかばいすぎていたと悔やんでいた。

息子が非行に走ったことを通して、ご自身を省みたKさんは、息子さんとの距離を縮めようと、愚直に腐心した。その姿に、父の不器用な、そして大きな愛を見る思いがした。

そんな父の気持ちがどこまで息子に伝わるかは、私にもわからなかった。しかし、息子さんの非行はだんだん落ち着き、どんどん立派になっていった。そして、数年後には結婚し、今は二人のお子さんに恵まれ、幸せに暮らしている。

Kさんは、息子と娘の祝福を、今も変わらず祈り続けている。

自分にできること

妻と二人で教会の働きに励み、一年が過ぎたころのこと。教会を開設して、三年が過ぎていた。そのころには、七坪しかない狭い集会スペースに、人がいっぱい集うようになっていた。

人が結構来て、部屋が手狭になると、私の心は小さな満足感を感じていた。

しかし、スペースいっぱいに来ていたはずの人たちが、いつのまにか、だんだんと来なくなり、教会を始めて四年を過ぎる頃には、教会に来る人は半分以下になった。

〝何が悪いのか？　自分の何が足りないのか？〟と頭を抱えた。

自分なりに必死で、問題を持った人と関わろうと真剣に接していたつもりだった。でも、相手の顔色を見て恐れて、相手のためになる苦言を言えなかったり、時には、関わる人とぶつかって、自分が切れて、手を出してしまわないかと恐れたり……。

覚醒剤に苦しむ若者がいたら、自宅に寝泊まりさせ、仕事に送り出したり、一緒に教会に行ったりもした。それでも、数か月したら、またクスリに手を出し、他の事件も起こして捕まっていく。

実りの少ない働き……。打っても響かない働きに思えた。

＊

非行、犯罪、薬物、暴力……。そんな世界に生きている人に対応していくのも、並大抵なことではない。裏切られることのほうが圧倒的に多い。だから、そんな世界に生きている人へ働きかけるのは控えたほうがいいと思うこともあった。

普通に学生をしながら、〝人間は死んだらどうなるのか？〟とか〝神は本当に存在するのか？〟と、真剣に真理を求めている若者も世の中にたくさんいる。だから、普通の学生や普通の若者に対応しているほうが効率が良いとさえ思えた。

それでも、誰かが助けを求め、「真剣に変わりたいから、応援してほしい」と言われれば、応援したくなる。なぜか、私は非行や犯罪、薬物に走る人への働きに力を割いてしまう。

でも、悩みの中で気づいた。私には正直、それしかできないのだ。

＊

そんな活動を取材したいと、新聞社からたびたび申し出を受けるようになった。

関わっても裏切られる中で、何を取材し、何が伝わるのだろう？　そう思いながらも、時には取材に応じた。

こんな割の合わない活動と自己卑下しながらも、不器用に、でも、真剣に取り組む活動を見てもらう。

そんな新聞記事を目にして、励まされたと電話をくれたり、手紙をくれたりする人もいた。また、教会に来るようになった人もいた。

*

二〇一一年のデータだが、刑務所を出所した人の数は二万八千人。そのうち、七千人の人たちには、身柄引受人がいない。すなわち、帰る場所や家がないのだ。実に刑務所を出てくる人の四分の一が、帰る場所がないまま、社会に再加入していく……。

待ってくれている人がいない。それは本当につらいことだ。待ってくれている人、応援してくれている人がいるから、更生の意欲が湧くものだと思う。

ある大学の教授がいみじくも言った。

「反省はひとりでできるが、更生はひとりではできない。」

もちろん、ひとりでも、本当に過去を悔い改めれば更生は可能だ。しかし、応援してくれる人がいるのといないのとでは、モチベーションが違う。

とはいっても、引受人がいない約四分の一の人たちの中には、刑務所が二回目、三回目、それ以上の人たちもいる。前回の刑務所の時は引受人がいてくれたのに、また再犯をし、今度は引き受けてくれなくなったということも多い。更生を信じて、身元を引き受けてくれたのに、裏切ってしまったのだ。身元引受人をしてくれた家族や雇用主や知人、親戚などが、もう二度と引き受けないと怒ってしまうケースも少なくない。

しかし、反省はひとりでできるが、更生はひとりではできない。そこから足を洗った者は、それを肌で感じている。だから、自分がやり直せたように、誰かのやり直しを手伝いたいと願う。

＊

クスリをやめられない若者や、非行に走る少年との深い関わりも、すでに八十名を超えている。その中でも、仕事を紹介して就労につなげたり、生活上のアドバイス、衣食住の協力など、生活に密接に関わった若者だけでも五十名近い。そのうち七割近くの人は、教会に現在は来ていなくても、再犯をせず、定職についていたり、家庭をもっていたりと、幸せに暮らしている。

私たちの小さな活動は、大海の一滴かもしれない。しかし、私たちもこの問題に少しでも貢献したい。その願いから、法務省の施策である「自立準備ホーム」の受託事業者として、二〇一一年より登録を受けることになった。

「自立準備ホーム」とは、刑務所や少年院を出所してくる、帰る先がない出所者の衣食住を支えるホームのことだ。保護観察所から委託を受けて被保護者のサポートをする。数か月間、ホームで受け入れ、自立資金を貯めるまで、食費と住宅費を国がサポートをする。更生と自立を促して、心のケアをするのがホームの役割だ。

国は「やり直しを応援する社会づくりを」と啓発活動をしているが、過去に四度も保護観察処分を受けた私にそのような事業を任してくれるのだから、それこそ、やり直しができる社会を応援しているという証拠ではないかと思う。

身体も一つ。スタッフの数も限られ、資金もきわめて限られている。受け入れ可能な部屋も数が限られ、たくさんの人と関わることはできない。それでも、一人、また一人と、できる支援をしたいと考えている。

院生へのプレゼント

二〇〇五年のこと。京都医療少年院の首席専門官にI教官という方がおられた。そこに、前に紹介した、京都医療少年院の出院生で、生駒聖書学院で学んだ女性Kさんが、院生のための講話をしに来た。院生たちは、彼女の話に真剣に耳を傾けた。負の連鎖というものがあるが、プラスの連鎖。更生した出院生が少年院で話をすると、院生にとって身近な良いモデルとなる。

I教官は、Kさんの訪問が少年たちの更生を促進すると実感した。

同じころ、私は中坊牧師から声をかけていただき、再び、京都医療少年院のクリスマス会でメッセージをさせてもらった。そこには私がお世話になった浪速少年院の統括をしていたS教官もおられ、教え子の来訪をことのほか喜んでくださった。

そこにI教官もおられた。そして終了後、I教官といろいろとお話をする機会を得た。話をしていくうちに、私が四度収容された大阪少年鑑別所でも勤務しておられたことがわかった。

＊

翌年、I教官は、浪速少年院に転勤された。

私はちょうどその年、浪速少年院の院生たちへ、お菓子の贈呈をしたいと考えていた。私が院生だった時に、どこかの教会の人がクッキーを贈呈しに来てくれたことがあった。少年院の中では、もちろん、お菓子を食べる機会など年に数回しかない。だから、お菓子の差し入れ、甘いものの贈呈は、院生たちにとって格別なものとなる。そのことを体験的に知っていた私は、ぜひ浪速少年院の院生たちに甘いお菓子を届けたいと考えたのだ。

そのことを教会の人たちに相談したら、どうせなら大阪中の少年院や児童自立支援施設にも届けようということになった。

そして、思い切って浪速少年院に電話をし、「教会の牧師をしている野田と申します。ぜひ、クリスマスに、お菓子の特食を贈呈したいんです」と申し出た。

どこの馬の骨かもわからないし、お菓子を差し入れたいという申し出を、院も簡単に承認できない。私が何者であるか、警戒されていた。

実際、隣の県のある少年院にも、お菓子の贈呈を申し出たが、食べ物は受け入れられないと断られた。「もし差し入れられた食べ物で院生がお腹をこわせば、院自体の責任問題になる。それに、近くの更生保護女性会のメンバーの方がクリスマスにはお菓子を贈呈していてくださるので、結構です」ということだった。なるほど、少年院側が簡単に受け入れ可とならない理由がわかった気がした。

しかし、浪速少年院はその申し出を検討してくださることになった。そして、数日後、受け入れ可という連絡を受けた。嬉しかった。

おそらくI教官が助け舟を出してくださったのではないかと考えている。

＊

教会を始めて六年。その間、いくつかの少年院や少年刑務所などに講話に行き、少しずつだが、信用が確立され始めたのかもしれない。

続いて、大阪府内の三つの少年院、浪速少年院、和泉学園、交野女子学園、そして、児童自立支援施設である、府立修徳学院、市立阿武山学園も受け入れ可となった。

こうして、二〇〇六年より、毎年、クリスマスにお菓子を贈呈することができるようになった。子どもたちの数はだいたい五百人から六百人。

毎年クリスマスが近づくと、教会の人に呼びかけて、お菓子を用意する。お菓子だけでなく、メッセージカードも添える。言葉は毎年同じだ。

「あなたは愛されるために生まれた」と心を込めて印字している。

＊

その年、〝母校〟である浪速少年院にお菓子百二十人分をクリスマスの特食として持って行ったとき、院長室に通された。そして院長先生と幹部の先生、そしてI教官とお話しする機会が与えられた。私が浪速少年院の出院生であることも、改めてお話しした。

「今度、院生たちに話をしにいらしてください」と、院長先生が言ってくださった。

＊

翌年の三月、浪速少年院からじきじきに講演の依頼が届いた。

元収容者が収容されていた少年院に講話に行くことは、滅多にないチャンスだ。

十一年前、このまま悪の道に行くべきか、それとも善の道に行くべきか悩んだ場所……。

そして、聖書の神に出会ったこの場所で、今度はその神の愛について語ることができる。

本当に感慨深いものがあった。

講話の前に、同行した教会の人たちと〝君は愛されるため生まれた〟という歌を歌った。

百人ほどの収容者の中には、人目をはばからず泣いている少年が何人もいた。

突っ張って少年院にまで来ている少年たちが、涙を流す。その姿に驚き、感動した。

外見ではわからないが、みな心の中では愛を求めているのだ。

＊

私は舞台に立ち、少年たちを見ながら、こう言った。

「私もここでお世話になった者です。みなさんとは先輩後輩です。」

そう紹介した時、少年たちとの距離がグッと近くなったのを感じた。

すかさず私は自分の過去をつぶさに話した。刹那的な快楽とスリルに溺れていた過去。快楽やスリルに溺れた生活は、一見、自由で楽しく見えるが、その結果、警察に追われたり、逮捕されたり、家族を悲しませたり、敵対している人間から命を狙われたり、快楽を得ること以上に苦しみもある。

何より、その欲望の渦の中でがんじがらめになって、決して抜け出せなくなる。

それが幸せなのだろうか？　誰かを苦しめて、誰かを悲しませた上に得た快楽は、虚しいものではないだろうか？　そう少年たちに問いかけた。

*

話を終えた私に、少年たちは割れんばかりの拍手を送ってくれた。

拍手が鳴りひびく間に、十一年前にお世話になった寮の担当教官が前に出て来てくださった。そして、がっちりと握手をすることができた。

それ以来、私は浪速少年院に講話に行く機会を毎年いただいている。二〇一三年の夏には、浪速少年院より、民間協力者として感謝状の贈呈を受けることができた。

マイナスを新たなプラスに

全国のいろんな場所に体験談を語りに行ったり、非行や犯罪で悩むご家族のための会合に参加したり、時間が許す限り、飛び回っている。

弁護士会や人権擁護委員会、学校などの教育現場にも、講演に呼んでいただいている。昨年度は、とある公立中学校の生活指導スクールサポーターとして、週に二回、教育現場に赴いた。学年集会で話をさせてもらったり、校内を巡回したり、休み時間に子どもたちと接した。少年院上がりの私が地域を代表して、学校教育の現場でお手伝いをさせてもらえたのは貴重な体験だった。

相変わらず、少年院を出た少年や刑務所を出所した青年と関わることも多い。時には、関わっている少年が風邪をひいたと、妻が三日連続でお粥を持って行くこともある。また、彼らの学校の入学式や三者懇談に出席するなど、毎日が目まぐるしく過ぎていく。

＊

こうして人と関わっても、すぐ目に見えて、好ましい結果が現れるわけではない。今でも、関わっている人が再犯に至ったり、目の前からいなくなったりすることもある。

それでも、真剣に関わった日々は無駄に終わらないと信じている。なぜなら、以前に関わった少年や青年が、落ち着いた生活を手に入れて、時々顔を見せに来てくれるからだ。再犯はないほうがいいに決まっている。でも、私たちと接した日々の中で、少しでも愛や安らぎを感じてくれているのだろうか。また、顔を出してくれる……。

〝今は仕事を独立して、一人親方をしている。〟

〝法人化して、会社を起こして頑張っている。〟

〝結婚して、子どもが生まれた。〟

など、さまざまな報告をしに来てくれる。だから、すべては無駄ではないと信じている。

*

すべてが無駄ではない。私は少年院に入って良かったと、心から思う。きっと、少年院に入っていなかったら、現在のような生き方を選択することはできなかっただろう。

現実は、マイナスはマイナスでしかない。マイナスは帳消しにはできない。でも、「あの時期を通って良かった」と思うことはできるし、新たなプラスを作ることもできる。

私は、少年院の中で、このまま悪の道を進むか、それとも人生をやり直すか、その狭間で真剣に考えた。そして、キリストを信じて、やり直そうと聖書を手にした。

もし、あの時、人生をやり直す生き方を選択していなかったら、今頃、私は野垂れ死にしているか、刑務所の中だっただろう。

*

私は、十九歳の時、少年院の中で、神の視線を感じた。不思議だが、あの日以来、人生の方向性は百八十度、変わった。その神の視線は、今も変わりなく私に注がれていて、私は毎日それを肌身に感じている。

そして、私は否応なく気づかされた。私の信じている神は、私が悪いことをしないかと見張っているのではなく、私を見守ってくれている神だということを。

第2部

私の出会った若者たち

セカンドチャンス！

ある年のクリスマスに近いある日、大阪交野市にある女子少年院・交野女子学院に、クリスマスの特食のお菓子を贈呈に行った時のこと。

お菓子を入れていっぱいになった段ボール箱を抱えて、職員室に通していただいた私に、法務教官がこうおっしゃった。

「このたびはありがとうございます。

野田さんのように、少年院を出て、社会で頑張っておられる方を集めて、これから少年院を出てくる後輩を励まそうと活動しておられる元法務教官の方がいらっしゃいますよ。」

そんな活動をしようとしている少年院の元先生がいるんや……。

「その方は、何という方ですか？」

「今、静岡県立大学で先生をしている津富さんという方です。」

すかさず、私は言った。

「津富先生ですか！　私、知っています。浪速少年院の時に、先生でおられました。津富先生に、私もその活動に興味がありますとお伝えいただけませんか。」

＊

私は、はっきりと津富先生を覚えていた。

浪速少年院に入って間もない頃、当時、新入時の教育統括だったのが、津富先生だった。

確か、母との面会に立ち会ってくださったこともあった。

私には、人の目、特に人の目の奥を見る癖があった。非行少年と関わる大人たちが仕事でやっているだけか、本当に少年の更生を願っているか、不遜にも、目を見ればわかる。

顔が笑っていても、目が笑っていない場合もある。

津富さんは、目の奥が温かく、非行少年たちを上から目線で見ない先生だった。

＊

数日が過ぎ、そんなやりとりも忘れかけたころ、私の自宅に津富先生から連絡があった。

「津富です。野田くん、お元気ですか。」

「はい。ご無沙汰しています。」

「君の活躍は何かの新聞で見たよ。頑張っているんだね。今、少年院を出て、社会で真面目に活躍している人たちに声をかけて、これから出院してくる若者たちを支える活動を始めようとしているんだ。」

「ぜひ私も参加させてください。」

*

間もなく、その活動のきっかけになった青年を紹介された。それが才門辰史さんだった。彼は大阪出身で、浪速少年院の後輩。私は一九九五年から一九九六年にかけて入院していたが、才門さんは二〇〇一年ごろ。彼は浪速少年院を出た後、大阪を離れ、東京に出る。地元を離れて、一緒に悪さをした友達と距離を置けば、簡単に更生できるというものではない。地元を離れれば、今度は知らない土地で〝孤独〟と闘うという現実もある。当てもなく、歌舞伎町に出て、人ごみを眺めながら、出院後の更生は甘いものではないと実感していたそうだ。

その時、出入りしていた、東京上野にあるフリースクールの校長から、「君の経験を生かし、ここでスタッフとして働いてみないか」と声をかけられる。大人から必要とされている！　才門さんは、嬉しかったそうだ。

そこでスタッフをしながら、大学に通うようになった。

その頃、大学で犯罪学の授業があり、「犯罪学」という言葉に過剰反応した。

「『犯罪学』って、どんなことを学ぶんやろう？」

非行に走り、犯罪を犯した当人だからこそ、興味が湧き、授業に出席したそうだ。

その時、講義に来ていたのが、津富先生だった。

その授業の一環で、多摩少年院に見学に行くことになった。帰りの電車の中、才門さんは、津富先生に近づき、こう切り出した。

「先生はどこの少年院にいたんですか？」

「浪速少年院だよ。大阪の。」

「実は僕、そこにいました。」

津富先生はびっくりしたに違いない。

＊

電車に乗っている数十分で意気投合した二人は、この出会いをきっかけに、「セカンドチャンス！」という活動を始めることになった。

少年院では、「院生同士、個人的なことは話をしてはいけない」という決まりがある。仲良くなって、出院後、一緒に行動すれば、再犯のリスクがきわめて高まるという配慮からだ。実際に、少年院を出て、一緒にツルむようになって、再犯ということも少なくない。

また、法務教官も、出院者と出院後に接してはいけないとされてきた。

しかし、二人の呼びかけに、弁護士、研究者、法務教官ＯＢらを通じて輪が広がり、非行少年の親の会や被害者支援運動の代表者も集まってくださった。

二〇〇九年一月、中心になって動ける十人前後の出院者と、約三十人のサポーターが集まり、ＮＰＯの設立にこぎ着けることができた。

「セカンドチャンス！」の活動は、現在では、東京、静岡、福岡、名古屋、長野、京都、大阪、広島などに広がった。地域によって違うが、月に一回、あるいは二か月に一回、交流会を開催している。

交流会と少年院での講演。この二つが、今の「セカンドチャンス！」の活動の二本柱だ。少年院では、いろんな方の講演を聞く機会がある。中でも「セカンドチャンス！」の講演は、少年たちから特に好評を博しているそうだ。少年たちにとって身近な話だから、好評なのだと思う。

現在は、津富先生から、バトンタッチを受けて、才門辰史さんが理事長になっている。信頼できる謙遜でリーダーシップのある仲間だ。

昌人のこと

二〇一〇年の春ごろだったか、「セカンドチャンス!」の大阪交流会に、木下裕一(ひろかず)さんという元法務教官の弁護士が参加しておられた。関西のとある少年院で八年間ほど勤務経験のある異色の弁護士だ。その木下さんと名刺を交換し、今度、立ち直り支援について、個人的に意見を交換する約束をした。

後日、私が牧師を務める教会に、見学を兼ねて、意見交換に来られることになった。木下さんを含む三名の弁護士さんたちが一緒に来られた。

その時、木下さんと一緒に来訪された弁護士が、こう切り出された。

「神戸で弁護士をしている友人が今担当している少年事件の少年には、過去に前歴があり、少年院に送致された経緯があります。今回、その少年は、軽微な事件で逮捕・拘留されているのですが、親御さんの事情があって、家には帰せない状況です。

親元に帰せず、また、社会内で受け入れ先が見つからなければ、少年院送致にせざるをえません。野田さんのところで、この少年を受け入れていただくことはできませんか?」

「……。」

一瞬ためらった。少年を受け入れるには、ものすごい労力がいる。受け入れている間、どうやって少年を食べさせていけばいいのか？　少年に合った仕事が見つかるか？　日々の指導の大変さ……。それを思うと、気が重い話だ。

しかし、軽微な事件で、本来なら親元に帰れるはずの少年が、社会で受け入れ先がないという理由で少年院に行くのは、かわいそうだ。

しばらく迷ってから、私は、「わかりました。検討させていただきます」と答えた。

こうして、少年院か社会内での処遇かの分かれ目に立つ少年を受け入れることになった。

＊

数日後、神戸鑑別所に車を飛ばした。

鑑別所の待合室で、担当弁護士の高本美加（仮名）さんと待ち合わせていた。

待合室を見回すと、すぐ何となくお互いにわかった。

高本弁護士は思ったより若い。目がくりっとした、小柄だがしっかりした印象のある女性弁護士だ。あいさつもそこそこに、さっそく少年との面会の手続きに入った。

面会室に並んで座り、少年が来るのを待った。

しばらくしてから、ガチャと重い扉が開く音がした。少年は法務教官に連れられ、悪びれる様子もなく、神妙な顔で入って来た。

高本弁護士に会釈した後、隣にいる私にも小さく会釈し、向かいの椅子に座った。少年は、私のほうを時おりチラチラ見て、この人はいったい何者だという目をしていた。

高本弁護士が口を開いた。

「この方が、昨日話をしていた牧師の野田先生です。」

〝ぼ、牧師……？　はて、何だ、そりゃ……？〟

少年はそんな表情をしていた。

ゴホンと咳払いしてから、私は話した。

「君が、えーと、町山昌人（仮名）くんかな？」

「は、はあ。」

「実は、私も昔、鑑別所に四回入って、少年院にも行った。でも今は、やり直して、真っ当に生きている。君は本当にやり直したいか？」

弁護士に一瞬目をやってから、すぐこちらを見て、「はい」と答えた。そんなに必死さは伝わってこない。ただ、少年院には行きたくない、そんな思いだけは伝わってくる。

昌人は、目がくりっとした、整った顔の少年。特段、愛想が良いわけでもないが、笑えば笑顔は愛くるしい。どちらかというと、接しやすそうな少年だ。

高本弁護士は最後に、励ますようにこう言った。

「あなたが少年院に行かなくても、社会の中で更生できるように、私たちも最善を尽くすから、あなたもしっかり、事件のこと、今後のこと、考えてください。もし、その気持ちが通じて、試験観察になったら、本当にしっかりやってください。」

「わ、わかりました。」

＊

ここで、試験観察について説明しておきたい。

家庭裁判所では、少年に対する処分を直ちに決めることが困難な場合、少年を適当な期間、調査官の観察に付すことがある。試験観察中は、調査官が少年に対して更生のための助言や指導を与えながら、少年が自分の問題点を改善していこうとしているかといった視点で観察を続ける。この観察の結果なども踏まえて、裁判官が最終的な処分を決める。

試験観察を行う際、民間の人や施設に指導をゆだねて観察することもあり、これを「補導委託」という。ちなみに、補導委託の場合、家裁から委託先に委託費が支払われる。

＊

面会が終了し、まず少年が教官に連れられて面会室を出て行った。私たちも退出した。

鑑別所の玄関ポーチを入ってすぐの面会待合室で、そのまま打ち合わせをした。

昌人が、もし試験観察処分になれば、どこで生活するのか？　食事はどうするのか？　仕事は？　毎日、どのような課題に取り組んでもらえばいいか？……などなど。

教会近くの狭いワンルームマンションを親御さんに借りてもらって、毎月の賃貸料は昌人本人がバイトをして支払い、自立を目指すことになった。食事は、私たちがお米や炊飯器などを用意する。さらに、日々課題を出して、更生へと結びつけていく。

＊

今回の案件では、家裁は補導委託を考えておらず、試験観察となっても在宅試験観察と言われるもので、当然、委託費の支払い対象にはならない。

正直、受け入れ側は、結構な精神的かつ経済的な負担を背負うことになる。

しかし、一人になって考えてみると、受け入れ先がないからといって、この事件で少年院はかわいそうだ。昌人を支えてあげたい。一方で、さまざまな負担がのしかかることを考えると、試験観察にならなければ、いろいろと背負う必要もないのに、とも正直思う。

そんな二つの思いの中で私は揺れた。

＊

私はなんという人間だろう。

私は時々、こんな評価をいただく。元暴走族なのに、更生を果たし、同じような境遇の少年たちを支える、更生のモデルのような人物だ、と。本当にそうなのだろうか？

一方では、「好き勝手に犯罪を犯しておいて、被害者の気持ちも考えず、涼しい顔をして、更生だか、更生支援だか知らないが、いい恰好するな」と言われることもある。更生したといっても、犯罪を犯した人間だと、いつまでも信用されないことも多い。

いつも、評価は両極端が多い気がする。

私は、悪さの世界でしか、人から認められたことがなかった。腕力が強いとか、ビビらずに悪いことをするとか、度胸があるとか。警察に捕まってもチンコロ（仲間の名前を密告）しないとか。そんなことで、悪さの世界では、同じ仲間から評価を受ける。

そんな狭い社会の中での評価が、かつての私にとってはすべてだった。

しかし、今の私は、「更生を果たして、今度は他人の更生を支えるモデル的人物」と評されて市民権を得たように勘違いし、良い気分になることもある。

でも、自分の本当の心を知っている私は、真実で誠実な人間とは言えないこともよくわかっている。

また、更生支援という、こんなに裏切られることが少なくない活動は、しんどいからやめようと思うことも時にはある。どこからも予算がつかず、持ち出しばかりの活動の大変さに、やっぱり自分にはこんな活動は向いていないと思うこともある。

それでも、昌人のような少年を助けたい、協力してあげたいというのも本音だ。

結局、私に力があるからできている活動ではない。私に情熱があるから、愛があるから、そんな英雄的な要素などない。ただ、自分が少年院の中で、聖書のおかげで、天を恐れて生きることを知ったから。虚しい罪を犯していても幸せにはなれない、と知ったから。だから、地元の仲間や、同じような境遇の人たちに、一緒に悪さをやめようと本気で声を大にしただけだ。

不完全で弱く足りないからこそ、私に与えられている使命だと感じるから、この活動をさせてもらっている。

こんな自分でも変われたから、変われる、やり直せると言いたい。

＊

ひとしきり心のうちで葛藤した後、まだあどけない昌人の顔を思い出し、祈った。

「神様、もしも昌人が私たちのところに来ることが、あなたの望まれることなら、審判の結果、試験観察処分になりますように。そして、私たちも昌人の更生のために貢献できますよう、導いてください。」

＊

ほどなくして昌人の審判の日になった。結論は試験観察だった。

昌人はほっとした顔で、胸を撫で下ろしていた。

「これからしばらく、大阪で生活することになるけど、あくまでも、試験観察やから、この期間、しっかり頑張って、最終審判で少年院送致にならないように頑張ってや。」

高本弁護士からも、親からも、私からも激励され、昌人はコクリとうなずいた。その後、私は早速、彼を車に乗せて、大阪に連れ帰った。

*

まず、暴走族時代の親友が経営している会社に、連れて行った。即、採用してくれた。昌人は面接後、「頑張ります」と頭を下げた。

それから、昌人の自立のためにと、お米のとぎ方、炊き方を教えた。仕事に遅刻しないよう目覚まし時計も用意した。

でも、ふたを開ければ、数日は良かったものの、一か月半も経たないうちに、仕事を辞めることになった。遅刻を繰り返したのが原因だった。

誰かが起こしてくれないと仕事に行けないのでは、本当の自立ではない。そう思いながら、時に起こし、また時に自主性に任せたりしていたが、続かなかった。

また、暇な時間が多くなって心にスキを作り過ぎないようにと読書感想文などを課しても、一緒に食事をすることにしていても、約束の時間を守らなくて、何度も困らされた。

真剣に怒ったことも何度かあった。

私の家で遅くまで何度も話し合った。私の妻も昌人を心配し、一緒に夜遅くまで話し合ったこともあった。

＊

しばらくして、次の仕事を求人誌から見つけた。パン工場。

ちゃんと仕事に行っているか？　家にはいないけど、どこかに行っていないか？　そう心配して工場まで捜しに行ったこともある。

試験観察になって、私たちのもとに来たのだから、なんとか少年院に行かないように真面目にこの期間を過ごさせてやりたい。そんな思いで、一緒にご飯を食べ、一緒に出かけ、話をたくさんし、日課である反省文を書かせたり、いろいろと試みた。

数週間に一度は、今日の出来事を簡単に書かせて、調査官に送ったりもした。

＊

私たちのところでは、日曜日に教会の礼拝に参加することは必須科目。

教会でも、みんなにかわいがられ、声をかけられ、大切にされた。

しかし、昌人は昌人で、地元の悪仲間を夜中に呼んで、一緒に隠れて遊んだりしていた。何度それを発見し、頭を悩ませただろうか。

ある時は、バイト料を無計画に、すべて服代に使ってしまった。金銭管理のことで、きつく怒ったこともある。

そのたび昌人は、申しわけないような、でも、まだ十八歳だし、遊びたいというような表情をしていた。

*

そんなこんなの試験観察期間の五か月が、あっという間に過ぎた。そして昌人は、すんでのところで少年院送致を免れ、保護観察処分となった。

保護観察処分になっても、地元に帰ったらまたロクなことがないから、大阪の私たちの近くで生活すると決まっていた。ところが、審判が終わって一緒に大阪に帰ったら、その翌日、早速いなくなった。

〝昌人、あいつ……。どれだけ心配かけたら気がすむねん……〟

と少し腹立たしかった。同時に心配な気持ちもあった。

その後も、元気にやっているらしい、とは聞いていた。時々、電話を入れたりもした。

*

それから一年後。昌人は突然、「今日、泊まりに行っていいですか?」と電話をしてきて、作業着姿で待ち合わせ場所に現れた。一緒にラーメンを食べて、教会へ泊めた。

作業着のまま、教会の礼拝に出てくれた。しっかり仕事をして頑張っていますよ、というのが伝わってくる。

「身体に気をつけや。乗り物に乗る時は、絶対にスピード出し過ぎなや。」

私の妻や教会の女性メンバーから母親が言うようなセリフを言われ、昌人は「また来ます」と言って帰って行った。

それからもフェイスブックを通じて、何度かメッセージを送った。

「元気にしてる？　昌人のこと、祈っているで。」

＊

それからさらに二年後、昌人は突然、礼拝に現れた。土曜は遅くまで友人と過ごし、日曜日は遅くまで寝ている彼が、わざわざ神戸から電車に揺られて来てくれたのだ。

教会の人たち何人かが、「あっ、昌人くん！」と声をかける。

四年ほど前、短い五か月だったけど、毎週教会で昼ごはんを食べ、迷い、悩みながら過ごしたお互いの日々は、決して無駄ではなかったのだと感謝している。

昌人はあれから一度も再犯していない。いつも、昌人のことを思い出すたび、神に祈る。

小さな種蒔きのような働きかもしれないが、やはり出会って良かった、関わって良かった。これから何年経っても、昌人のことは気になるだろう。

和希のこと

二、三日まとまった休みが続いた連休の最終日、携帯電話が鳴った。木下弁護士からだ。
「もしもし、お忙しい中、すみません。実は……。」

木下弁護士が担当している少年の審判が二週間後に控えている。何とか少年院に行かせず、社会で更生させたいと家族は願っている。力を貸してもらえないかとのことだった。

「検討させてください。」

そう答え、電話を切った。

この種の依頼をすべてを引き受けることは不可能だ。部屋数に限りもあるし、スタッフの人数も限られている。新たに部屋を借りる資金もない。この活動のためにも、家族を養うためにも、私自身が時々、引っ越しのバイトをしているくらいだ。

しかし、今回の依頼がどうしても気になる。そこで、木下弁護士に、こうお話しした。

「一度、鑑別所で会わせてください。私たちのところで、本気でやり直したいという気持ちが見えたら、お役に立てるかもしれませんので。」

＊

大阪鑑別所の駐車場に車を停めた。四度、一か月ずつお世話になった懐かしい場所。私たちの頃とは違って、建物がきれいになっている。

新しくなった鑑別所の面会待合室で、木下弁護士と合流した。

重い鉄格子の扉が開き、階段を上がると、面会室があった。そこもきれいだった。先に部屋に入って待っていると、少年が教官に連れられて入って来た。

細見の長身で、端正な顔立ち。一見したところ、ケンカを何度も繰り返す粗暴な少年には見えない。

それが庭友和希（仮名）だった。

＊

また、いつもと同じように語った。

「庭友くんやね？　私もこの鑑別所に四回入って、少年院にも行ったよ。君は少年院に行きたい？」

すぐ、首を横に振った。

木下弁護士が言った。

「初犯やからといって、少年院には行かないと思ってたらあかんよ。調査官は、君のことを考えると、少年院送致が相当だと考えている。この間話したように、家裁も、今親元に帰しても庭友くんが更生できるとは考えていない。野田さんのところで、一からやり直したいという気持ちはあるか？」

「は、はい。」

首を縦に振った。

それが和希との始まりだった。

＊

初犯一発目の鑑別所とはいえ、少年院送致になってもおかしくない案件だった。審判の結果、もし試験観察になったとしたら……。当然、和希の面倒を深く見ることになる。

昌人の時と同じように、二つの思いに揺れた。

また、今回も、試験観察で仮に出られても、家裁の補導委託ではなく、在宅試験観察になると考えられるので、委託費はない。細かいお世話をする費用は持ち出しになる。更生をお手伝いするからといって、お金をもらえるわけではない。

揺れる思いで審判に臨んだ。

＊

審判中、裁判官は厳しい言葉を、これでもかというくらい何度も、和希に投げかけた。

和希にはまだ裁判官の真意はわからないかもしれない。しかし、この裁判官は真剣だ。真剣に和希に何かを気づかせようとしている。いや、たとえ今はわからなくても、誰かが彼に言わないと、将来とんでもない過ちを犯しかねない、そんな気迫さえ感じた。

非行の際の彼の軽薄さ。人の痛みを想像しようとしない彼の弱さ。いや、はっきり言えば、彼の卑怯(ひきょう)さを容赦なく責めたてた。彼なら、いつか汲み取れるのではないかという期待もあったのだろう。

*

木下弁護士は言った。

「彼には、改善しないといけないことが本当にたくさんあります。でも、今回、長年更生支援の活動をしている野田さんが、協力を約束してくれています。一度、社会内での更生のチャンスをいただきたい。そう期待しています。」

母親は和希の横ですすり泣きながら、頭を裁判官に下げた。和希をはさんで向こう隣の父親も涙を流して、和希の手をぐっと握ったのが見えた。

実は、和希の父母は離婚していた。和希もつらい思いをしたことだろう。

でも今、別れた元夫婦であっても、息子を想う気持ちは同じ。何とか息子を立ち直らせたい。私たちが甘やかしすぎていた。もう一度、チャンスを与えてほしいと、嗚咽(おえつ)しながら裁判官に懇願している。真剣に過去を悔いて、息子の更生を涙ながらに訴えている。

私は自分の審判の日を思い出した。あの時の母の叫び、涙、そして虚勢を張っていたくせに不覚にも嗚咽して泣いた、あの日のことがオーバーラップし、涙が止まらなくなった。

＊

裁判官から、私に意見陳述の機会が与えられた。

「試験観察になったら、人の痛みを彼に教えたいです。されたほうがどんなに苦しいか。人の痛みがわかる子に、彼ならなってくれると信じます。どうか、今一度、彼にチャンスを与えてください。」

深々と頭を下げた。

裁判官は、調査官とともに退席し、いったん休廷となった。

＊

十五分後、審判は再開した。裁判官の口元に出廷者の全神経が向けられていた。

「庭友くん、君を試験観察処分とする。」

両親は何度も何度も、裁判官に頭を下げた。そして、私の顔を見て、また涙ぐまれた。

＊

その後、保護観察所に審判の結果を報告しに行ってから、教会に和希を連れ帰った。

二人で布団を並べて、いろんなことを話しながら、眠りについた。これから和希は、私たちの自宅近くで、ワンルームのマンションを借り、そこで生活することになる。

＊

次の日、本人に、日記や読書感想文を書いてもらいながら、一緒に仕事を探した。クリーニングの現場仕事が見つかった。

彼は毎日、まじめに仕事に通った。仕事が終われば、一緒に夕食を食べる。その日の出来事を聞く。彼は来る日も来る日も、仕事に明け暮れた。

残業になって、帰りが遅い日もあった。心配になり、バイクで捜し回ったこともあった。仕事の合間に、課題図書を出した。課題図書には三浦綾子さんの本を選ばせてもらった。彼の感想文は、耳を疑うくらいに、真剣に自分の過ちと向き合うもののように感じられた。

〝人の痛みのわかる人間にならなければ……〟そんな思いが綴られていた。

＊

それから、事情があって、職場が変わった。次も、クリーニングの現場仕事についた。そこでも、休んだのは体調が悪かった一回だけだった。

昌人の時と同様、何度も夜遅くまで話し合った。妻も和希を気にかけてくれた。

和希は必死で働き、試験観察での六か月間で三十万円を被害者に弁済した。親に頼らず、自分で朝から晩まで働いたお金で弁済したのだ。幸い、被害者のケガもそれほど大事には至らなかった様子で、決して悪い方向に進んでいないと思っていた。

弁済するのは当たり前のことだが、それすらほったらかしにして逃げ出してしまう少年も少なくない。それに比べれば和希は根性を見せたと、私は高をくくっていた。

そして、試験観察期間が終わり、最終審判に臨んだ時、私は、和希が朝から晩まで休みなく汗を流したお金で被害者に弁済できたことで、彼なりに更生しようと努力したと、裁判官からも認めてもらえるものだと思っていた。

＊

しかし、現実は違っていた。まっすぐに顔を向け、裁判官は言った。

「君は、この半年間で、頑張って仕事をしたかもしれない。親だけに頼らず、自分のお金で弁済もできたかもしれない。でも、そんなのは当たり前のことだ。

君は本当に人の痛みを自分のことのように知ることができたか？

君の読書感想文を幾度も読ませてもらった。しっかり自分の言葉で書けていたと感じた。

しかし、君を見ていると、これだけのしっかりした内容と今の君と整合が取れていない。」

私は内心焦りを覚えた。なぜ、ここまで裁判官は言うのだろう？

和希との六か月、傷つけられたほうの痛みを幾度も話し合って諭してきたが、この裁判官のように、ここまで一歩踏み込んで、彼のために嫌われ役を買ってでも、徹底的に彼の内面の足りなさを指摘できただろうか？　そう自問自答した。

審判の結果は保護観察処分になった。今日から和希は実家に帰れることになる。

＊

しかし一年後、和希はまたケンカをし、相手にケガをさせた。そして、今度こそ少年院送致になった。

彼は、試験観察という環境ではしっかりやれたが、地元に帰ると、自分の中に眠っている悪い虫を治めることができなかったのだ。

＊

少年院の中で、和希は聖書を差し入れてほしいと親に訴えた。私も親御さんと連絡を取り、今後の和希のために話し合ったりもした。

親御さんからは、もう一度、和希を支えてやってほしいと懇願された。東大阪にいた時の和希が一番素直だったとも話してくれた。私たちも、ぜひそうしたいとお答えした。

和希とも手紙をやりとりした。今度は、私も嫌われ役を買って出て、和希との六か月間にやりきれなかった彼の内面の改善点の指摘を、祈りを込めて手紙に書いた。

＊

私もそうだったが、お酒も、薬物も、バイクも、暴力も、癖になってしまう。依存してしまう。痛い思いをして、もう暴力に走るのはやめよう、薬物に逃げるのはやめようと考えても、〝のど元過ぎれば熱さも忘れる〟で、また同じことを繰り返してしまう。

最終審判の時、裁判官が鋭く指摘したのは、和希の認識が足りないと感じていたからに違いない。

二〇一三年の夏、和希が入っていた少年院から、民間協力者として運動会の参観に招かれた。五十メートル走を必死で走る和希を、食い入るように目で追った。

＊

その後、少年院を仮退院した和希は、父親の仕事を一生懸命手伝っている。私たちのもとから帰った時には定職につかなかったが、今は一生懸命に仕事に行っている。

つい先日、保護観察が解除されたと連絡もあった。

和希と歩んだ経験をもとに、今後は嫌われ役を買ってでも、少年たちに改善点をしっかり指摘する大人にならねばならない、と痛感させられている。

宗二のこと

宗二（仮名）は、保護観察所の担当官と一緒に私たちの教会を訪れた。

笑顔はなく、どちらかというと顔をこわばらせ、堂々とした様子で入って来た。

これから彼は数か月、私たちのホームで生活することになる。

＊

腕っぷしが強かった彼は、中学時代から、よくケンカをし、ある暴行がきっかけで鑑別所に入る。そして審判の結果、児童自立支援施設に送致されることになった。

児童自立支援施設とは、犯罪などの不良行為をしたり、するおそれがある児童や、家庭環境等から生活指導を要する児童を入所または通所させ、必要な指導を行って自立を支援する児童福祉施設である。不良時代、少年審判を経て、何人かの友人が送られた施設だ。

私たちの時代は教護院と呼ばれ（一九九八年四月から児童自立支援施設と改称）、中学生が審判を受ける際には、少年院よりも教護院に送致されるのを嫌がる者のほうが多かった。

＊

宗二は、送られた施設の職員と、ひょんなことからぶつかった。そして暴行を働き、職員にケガをさせてしまう。それだけ彼の心はすさんでいたのだ。

児童自立支援施設でも暴力事件を起こした宗二は、即刻、鑑別所に戻されてもおかしくなかった。しかし、そんな彼をかばってくれた先生がいた。その先生は、寮内ではなく、別の一室で、彼と布団を並べて、同じ部屋で寝てくれた。

彼はその後、ほかの児童自立支援施設へ移送になるが、彼はそこでもまた、人生の師と言えるような先生と出会ったそうだ。

そんな先生がたにかわいがられ、彼の心はほぐれたのだろう。

もともと人懐っこくてかわいがられるタイプの宗二だが、相手が敵か味方かわからないうちは、どうしても尖（とが）ってしまう。そう、彼は尖ることでしか、自分の身を守れなかったのだろう。

*

児童自立支援施設を卒業した宗二は、晴れて高校生になったが、またケンカで問題を起こし、再び鑑別所送りになってしまう。そしてまた施設に送られるが、その施設でも職員に暴行し、審判の結果、とうとう少年院送致を言い渡された。

宗二は父親の顔を知らないという。母親は引き受けることができず、彼は引受先もないまま、二年間を少年院で過ごした。

その少年院で彼は、ひとりの情の厚い保護観察官と出会い、その観察官の尽力で、ようやく引受先が決まる。そして、少年院を出て、二つの自立準備ホームで再出発を試み、紆余曲折を経て、私たちのホームに来た。

その日を境に、宗二は一年以上ホームで生活することになった。

＊

宗二の出身中学を聞いてみたら、たまたま、親しくしている中学校の現役教師B先生がかつて勤務していた中学だった。B先生は、荒れた中学で熱血指導をし、生徒や保護者からの信任も厚い人だ。

宗二のことを話したら、B先生は知っているかもしれない。

翌日、早速B先生に電話をし、尋ねてみた。

「僕たちのホームに宗二という少年院から出て来た子がいるんですが、先生、知ってますか？」

「宗二！　知ってる。実は、その宗二のこと、ずっと気になっててん。明日、すぐに会いに行くわ。」

B先生は、早速、翌日、足を運んでくださった。何も聞かされていなかった宗二は、中学時代の熱血教師が目の前にいるのでびっくりし、とても喜んでくれた。

そして、不思議に共通の知り合いもいたことで、宗二との距離も縮まったように感じた。

＊

宗二には私たちのホームに来る前から就労先があって、ずっと真面目に仕事に行きつづけた。あまりにも真面目なので、正社員になる話さえ出てきて、やがて正社員にもなれた。

＊

宗二は、経歴だけを見れば、暴行事件を多く起こしてきた粗暴な少年ということになるのかもしれない。しかし、実際はそうではない。

教会に顔を出せば、私の息子や娘をかわいがって、アイスクリームやジュースをご馳走してくれたりする。面倒見がよく、子どもらも宗二を慕う。

宗二は、親から守ってもらうという体験がほとんどないまま施設で育ち、大人なんて信用できないという不信感を持って育ったのかもしれない。

しかし、小さな子どもたちに対する宗二の優しさを見ていると、どうしても目尻が緩んでしまう。見た目は筋肉も隆々としていて、いかついが、笑顔は天使のような少年だ。

＊

宗二は、一年数か月ホームで生活したが、最近自立し、自分の名義のマンションを契約した。もちろん、最大限協力させてもらった。

保護観察所からの委託は終わったが、むしろ現在のほうが、自発的に、しょっちゅう顔を出してくれる。

＊

宗二のように、事情があって親と一緒に暮らせず、児童養護施設で育ち、非行に至った少年少女と関わることは少なくない。今まで何人もの自立に関わらせていただいた。

彼らが非行に走れば、児童福祉から切り離され、さらに自立が困難になる。頼れる大人も周りにはそうそういない。

特に女の子の場合は、帰る家も住む場所もないと、悪い男に引っかかって、売春や風俗で働かされたり、言うことを聞かせるために覚醒剤を覚えさせられたりすることもある。

そんな毒牙にかかる前に何かできないかと、祈りに力が入る。

「受け入れる住居と財力、スタッフを与えてください。」

今できることは限られているが、いつかこの祈りがかなえられることを期待している。

良太のこと

ある日、先に述べた「ティーンチャレンジ」の木崎先生から電話があった。

「ティーンチャレンジに入学を希望している青年がいるのですが、その青年は東大阪市出身ですので、代わりに面接してもらっていいですか？」

「面接ですか……。は、はい。」

「やる気を確かめてきてくれませんか？　そして、彼の写真を携帯で撮って、ディレクターのテモテ先生に送ってもらえますか？」

＊

依存症からの回復には、本人の「やめたい」という意志が大事だ。だから、本人の意志を確かめることが大切になる。親や周りに、「薬物をやめろ」「ギャンブルをやめろ」と言われて更生施設に入っても、本人にやめる気がないなら、回復は難しい。

彼の入学は、家族からの事前の相談・協議でほぼ決まっており、あとは本人の「回復への本気の度合い」にかかっていた。

回復への決意があれば、面接後、すぐにでもティーンチャレンジ沖縄センターに向かって飛行機に乗ることになる。

その際に、本人の写真を携帯で撮って、沖縄センターの所長兼プログラムディレクターの山城テモテ所長に写真を送れば、本人が那覇空港に降り立つ際に、空港に迎えに行く所長にだいたい顔がわかり、お迎えがスムーズになる。

＊

話は脱線するが、ティーンチャレンジ沖縄センターの所長である山城テモテさんに少し触れておこう。

テモテさんは、ティーンチャレンジの生徒を依存症から回復させるプログラム全般を導く、現場のプロフェッショナルだ。

実はテモテさんは十三年間、薬物の蟻地獄の中にいた。自ら選んだ道とはいえ、クスリ漬けの日々。数年刑務所に入っても、結局は病院と警察を行ったり来たり。

ところが、母親の半ば強制的な強い勧めで教会に通うようになったことがきっかけになった。その教会の牧師が必死に捜して見つけてくれた、ハワイにあるクリスチャンのリハビリ施設、それがティーンチャレンジ・ハワイセンターだった。

さまざまな体験を通して神を信じるようになり、薬物からも解放された。

そして、かつての自分と同じような人たちを支えるスタッフになりたいという思いで訓練を受け、木崎代表との出会いを通して、ティーンチャレンジのプログラムディレクター、沖縄センターの所長になったのだ。

テモテ先生の眼は、人の世の悲しみや苦しみをたくさん見てきた。でも、そんな暗闇を消し去るような光をもしかと見た。そんな眼をしている。顔を見ていると、笑った顔は少年のように屈託のない笑顔だが、やはり、かつてはという雰囲気も漂っている。

今は、ティーンチャレンジ・センターの所長、プログラムディレクターの働きを中心に、牧師としても多くの人を励ましている。

*

話を、ティーンチャレンジに入学希望の青年に戻そう。

その青年が小学生の頃に両親は離婚。父親とは離れて育ったという。

その後父親は、息子がクスリ漬けになっていることを知る。しかも、ほんの数年前には逮捕され、執行猶予の処分。何とか立ち直る道がないかと調べ、ティーンチャレンジ・ジャパンの存在を知り、息子に入学するように勧めていたのだ。

その青年の義理の父親も、必死で立ち直らせようと案じてくれていた。その義父が青年との連絡の窓口だという。

私は早速、連絡を入れ、青年と青年の義父、そして私の三人で待ち合わせをした。

約束の店に入り、奥のテーブル席に目をやりながら歩いた。薬物依存症の青年とその義父とおぼしき二人連れの男性はどこにいるのかと店内を見回した。

あるテーブルに目がとまった。いた！

一人はうつむき加減な顔色の悪い青年。隣に、もみあげからあごひげ、そして口ひげまできれいに整えた、義父とおぼしき男性。

「こんにちは。ティーンチャレンジの野田と申しますが……。」

青年の義父は目礼をしてくださった。そして、青年がぼそっと言った。

「良太と言います。」

少し会釈してくれたが、表情に陰りがある。人生に苦しみを覚えている表情だった。

私は良太に質問した。

「ティーンチャレンジに入って、本当にやり直そうと思っている？」

「は、はい。でも、行く前に、友達と少し遊んでから、沖縄に行きたいと考えています。」

「やり直そうと思っているんやったら、早いほうがいいよ。」

私は、そう勧めながら、「この青年は大丈夫か？」と思った。

良太の義父は、はっきりとした口調で言われた。

「大阪にいたら、このまま変わることはない。なるべく早く沖縄に行かせてやりたい。」

「わかりました。」

私は事情を説明して、携帯で写真を撮影した。良太は、はにかんだ笑顔をしてくれた。

私は、店を後にして、木崎先生に電話をかけた。面接の様子を報告し、写真を送信した。

＊

それからしばらくして、良太はティーンチャレンジに入学を許され、沖縄に旅立った。

私の送った写真を見ながら、携帯を片手に、初めて会う良太を捜して空港を歩くテモテ先生と、不安な気持ちで沖縄で生活を始める良太の姿が思い浮かぶようだった。

「彼は大丈夫だろうか?」、そう思っていたが、良太はプログラムについていこうと真剣に取り組んだ。彼は、真剣に変わりたいと考えていたのだ。

それから数か月して、良太の義父から電話をもらった。

「せがれが無事に頑張っているようですわ。ほんまにありがとう。」

「私も木崎先生から様子を聞きました。これからも祈っています。」

＊

それから一年後、彼は見違えるような姿で大阪に帰って来た。

色白で顔色が悪く、世捨て人だった彼が、顔は黒褐色。タンクトップからはみ出た腕には、こぶのような筋肉がついていた。相変わらず、はにかんだような笑顔を見せるが、どこから見てもさわやかだ。

なぜか、彼の家の近所を二人でウォーキングしながら、いろいろ話をした。

彼はしみじみと言った。

「僕は、ティーンチャレンジに入って、本当に良かったです。もしも僕がここに入っていなかったら、今ごろ、欲望にまみれて、人生は終わっていたと思います。」

＊

その後、良太は、私たちの教会に通いつつ、牧師になるために、私の母校でもある生駒聖書学院に入学することになった。

天から与えられたまっすぐな性格をそのままに、自分を良く見せようとせず、正直に弱さを隠すことなく、良太は成長していった。学校での学びや訓練にも、教会での礼拝や行事にも真剣に取り組んだ。

そして、三年間の学びは、あっという間に過ぎ、二〇一三年春、無事卒業を果たした。

現在、彼はティーンチャレンジ・ジャパン岡山センターのインターンとして、訓練を受けている。今年、私たちの教会に帰って来て、スタッフとして働く予定だ。

エピローグ――母の最期

「私の育て方が悪かったんです。私を代わりに刑務所に入れてください。」

あの日、家庭裁判所の審判廷で、母は泣き叫んだ。

非行に走り、罪を犯したのは、私自身に責任がある。それを選択したのは私だ。でも母は、親の自分に責任があると、恥も外聞も捨てて泣き叫んだ。

私はあの時、なぜ突然、母が取り乱したのか、一瞬、わけがわからなかった。しかし、次第に、母の泣き叫ぶ声は、

「私には母親として足りないことがあったけど、あなたを大切に思っている。私を赦してほしい。」

そんなメッセージに感じた。思わず出てしまった、心の絶叫だったと思う。

＊

親でも間違うことはある。

そんな時、親は謝ることで、子への「親の威厳」を失うのだろうか？　いや、そうでは

ない。かえって、その親の潔さに「謝ることの大切さ」を教えられる。

私にも、小学生の子どもが三人いる。上の子は、今年から中学生になる。私自身、親として未熟なところも多い。でも、時には、「父さんが悪かった。赦してくれ」と子どもに謝ることもある。そうすると子どもは、素直に赦してくれる。

世の中の人間関係では、「ごめんね」の一言が言えずに、人間関係がぎくしゃくすることがある。

謝れる大人でありたい。あの時の母の姿を通して、そう思わされる。

＊

実は、小学校三年生の時に母と親子ゲンカをした際、母から言われた言葉があった。

「お母さんは、もし長男が死んだら、気がおかしくなって、長男の骨をかじるけど、あんたが死んだら、泣くくらいや。」

私は内心、ショックを受けた。兄と比べて、私はそれほど大事ではないのか……。

母親からのその言葉は、私の人生に少なからず影を落とした。

＊

小学六年の時、上級生の家で、その上級生からいじめを受けたことがあった。熱したスプーンやフォークを腕に押しつけたり、飼い犬に命令して私を噛ませたりしたのだ。

その時、以心伝心というのだろうか。母は、上級生の家を捜し当て、ドアをドンドン叩き、呼び鈴をビンビン鳴らした。

「やばい。野田のおかんが来よった。」

私は解放され、ドンドンと響くドアに向かうことができた。

外に出ると、あたりはすっかり暗くなっていた。泣きじゃくりながら、母に肩を抱かれ、家に帰った。何も言わず、母は夕食を温めてくれた。

涙が後から後からあふれてきて、頬を伝って、口の中に入ってくる。かまわず一緒に飲み込んだ。しょっぱいなと思いながらも、「ああ、俺は母に愛されているのかな」と思ったりもした。

＊

私は、あの時の審判廷で、母に愛されていると実感できたのだと思う。

あの時の母の言葉は、私の人生にたくさんの大切なことを教えてくれた。

母へのわだかまりや傷も、その時、すべて何事もなかったように消え去った。

＊

二〇一四年八月の最後の週、医師から母の余命が一週間だと宣告された。すぐに妻や子どもたちを連れて、大阪から東京のホスピスに車を走らせた。

母は一年前に会った時よりも衰弱していた。意識はあったが、話すこともできなかった。

照れくさい気持ちを押し殺して、母の顔に近づいて言った。

「今まで育ててくれてありがとう。」

何度も何度も母に語りかけた。母は、きょとんとしていた。

子どもたちも、夏休みの最後の週をすべて、母の病院で共に過ごしてくれた。

妻は、時々うなずくことしかできない母に、何度も何度も辛抱強く温かい言葉をかけてくれた。

目をつぶれば、幼い頃からの母との思い出が浮かんでくる……。

でも、家庭を持つと、妻のこと、三人の子どもたちを食べさせていくこと、育てていくことでいっぱいいっぱいになって、母のことを落ち着いて考えることもままならなかった。

寂しいことだが、人はそうして、親となって、バトンを渡していくのだと思う。

しかし、母が天に帰ろうとしている今、この時だけは母のそばで過ごしたい。

もう一度、母の耳元で心から気持ちを込めて言った。

「お母さん、育ててくれてホンマにありがとうな……。」

母を見ていると、あの審判の時の母の姿を思い出す。誇らしい母として思い出す。

＊

二〇一四年九月十日、母はすい臓がんで天に召された。

母の死に顔は、本当に穏やかだった。

＊

今、私は妻と子どもたち三人と、家族五人で幸せに暮らしている。

聖書と出会うまでの私なら、家族五人がつつましく暮らしていく、そんな毎日の日々を幸せだ！と感じる心など持てなかったに違いない。

スリルや快楽ばかり求めてきた昔のままの私なら、そんな家族団らんの日々は、慣れてしまえば、刺激のない無味乾燥な日々と感じていただろう。そして、また愚かなことをして、家族をバラバラにしてしまうような失敗をしていたかもしれない。

しかし、私にとって、家族との日々は、平凡だけど、安らぎに満ちている。〝刺激〟はないが、〝感激〟することが多い日々だ。

平凡な毎日。代わりばえのしない日々。毎日、食卓では、いつもと同じ顔を突き合わせて食事をする。そんなありきたりな毎日を、しみじみと感謝して過ごすことができる。

実は、それが神が私に与えてくれた、最高のごほうびなのではないかと感じている。

おわりに

あるＣＭの「このろくでもない、すばらしき世界」というコピー。妙に納得させられる。

人生は楽しい……はずだ。確かにそう実感する。でも、生きづらさを感じるのも事実だ。

時には辛いこともある。逃げたいこともある。投げ出したいこともある。

大人になればなったで、家族のためとか、仕事のためとか、いろいろなプレッシャーに押しつぶされそうになることもある。

だけど、非行に走り、犯罪に手を染めた、少年院上がりのこんな私でも、何とか地に足をつけて生きている。だから、どんな人にも可能性はあるはずだ。

ありきたりな言葉だけど、「人生、捨てたもんじゃない」と、心の底から言いたい。

今日、一ミリだけでいいから、周りの人に心を開いてみてほしい。明日、もう一ミリ心を開いたら、二ミリ開いたことになる。

あなたは、「このろくでもない、すばらしき世界」でたった一人のかけがえのない存在なのだから。

NPO 法人チェンジングライフ
https://changing-life.net/

ティーンチャレンジ・インターナショナル・ジャパン
https://teenchallengejapan.com/

アドラムキリスト教会
http://adullamchrist.com/

私を代わりに刑務所に入れてください
――非行少年から更生支援者へ

2015 年 2 月 20 日発行
2021 年 8 月 20 日 5 刷

著　者　野　田　詠　氏
印刷製本　シナノ印刷株式会社
発　行　いのちのことば社
〒164-0001 東京都中野区中野2-1-5
電話 03-5341-6922（編集）
03-5341-6920（営業）
FAX03-5341-6921
e-mail:support@wlpm.or.jp
http://www.wlpm.or.jp/

ISBN 978-4-264-03333-2